Dziennik danych strzelectwa sportowego

Ta książka należy do:

Ten wysokiej jakości, poręczny i łatwy w użyciu dziennik danych strzelectwa sportowego z nowoczesną i wysokiej jakości okładką dla strzelców, strzelców wyborowych i strzelców wyborowych został profesjonalnie zaprojektowany, aby pomóc Ci w szczegółowym rejestrowaniu daty, godziny, lokalizacji, broni palnej, rodzaju lunety, amunicji, głębokości siedzenia, Dystans, proszek, podkład, mosiądz, strony ze schematami.

Dziennik danych strzelectwa sportowego

📅 Data: _______________________ 🕐 Czas: _____________

📍 Lokalizacja: _____________________________________

Warunki pogodowe

☐ ☐ ☐ ☐ ☐ ☐ _______ _______

Strażak:	
Pocisk:	Głębokość siedzenia:
Proszek:	Ziarna:
Podkład:	
Mosiądz:	
Odległość:	

Wyniki ogólne

☐ zły   ☐ targi   ☐ dobra   ☐ doskonale

Uwagi dodatkowe

____

____

____

☆ ☆ ☆ ☆ ☆

Idealny pomysł na prezent dla początkujących i profesjonalistów

Dziennik danych strzelectwa sportowego

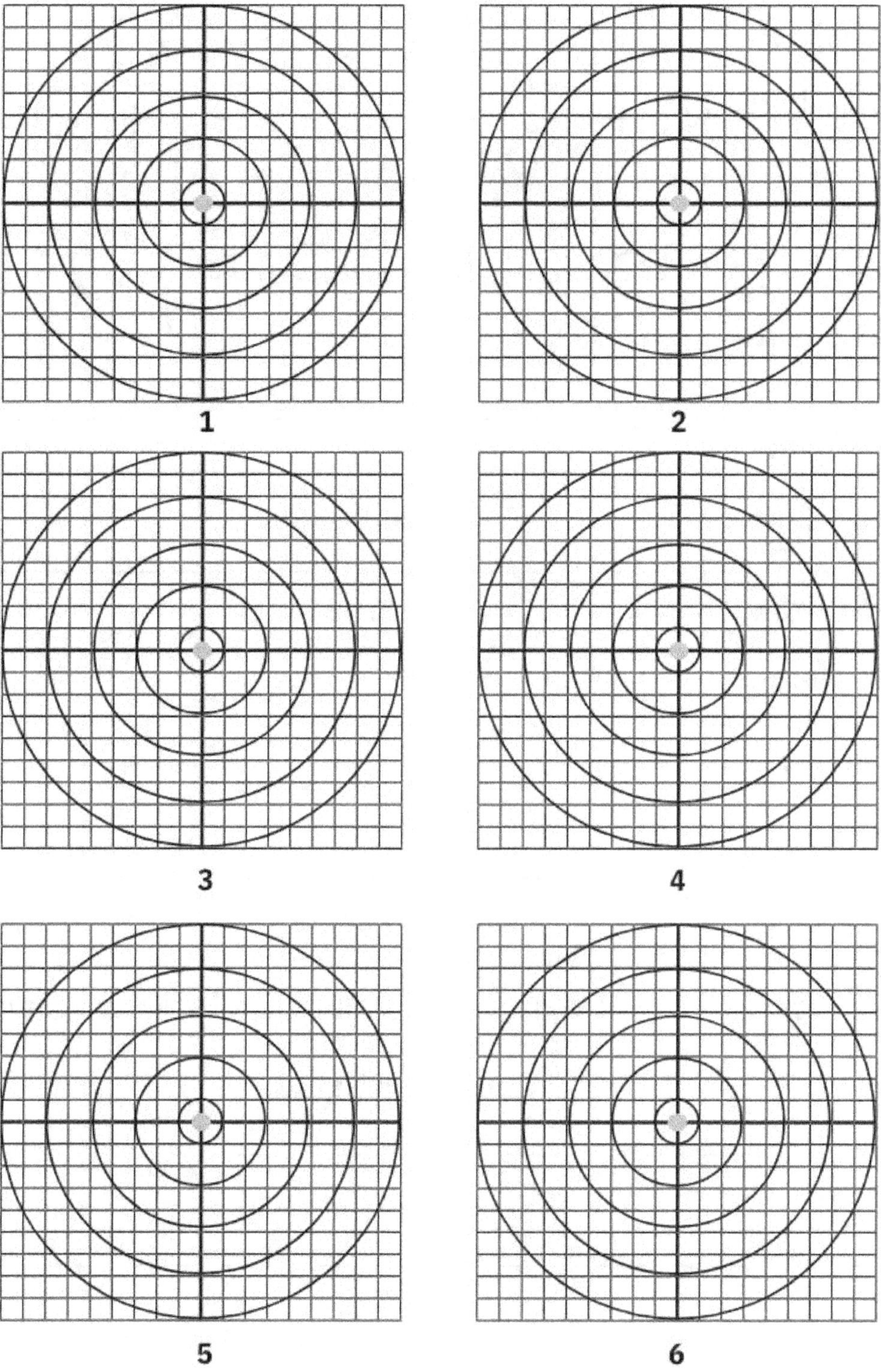

Idealny pomysł na prezent dla początkujących i profesjonalistów

Dziennik danych strzelectwa sportowego

📅 Data: _______________ 🕐 Czas: _______________

📍 Lokalizacja: _______________

Warunki pogodowe

☀ ☐   ⛅ ☐   🌤 ☐   🌧 ☐   ☁ ☐   🌨 ☐   🚩 ___   🌡 ___

Strażak:	
Pocisk:	Głębokość siedzenia:
Proszek:	Ziarna:
Podkład:	
Mosiądz:	
Odległość:	

Wyniki ogólne

☐ zły   ☐ targi   ☐ dobra   ☐ doskonale

Uwagi dodatkowe

____

____

____

☆ ☆ ☆ ☆ ☆

Idealny pomysł na prezent dla początkujących i profesjonalistów

Dziennik danych strzelectwa sportowego

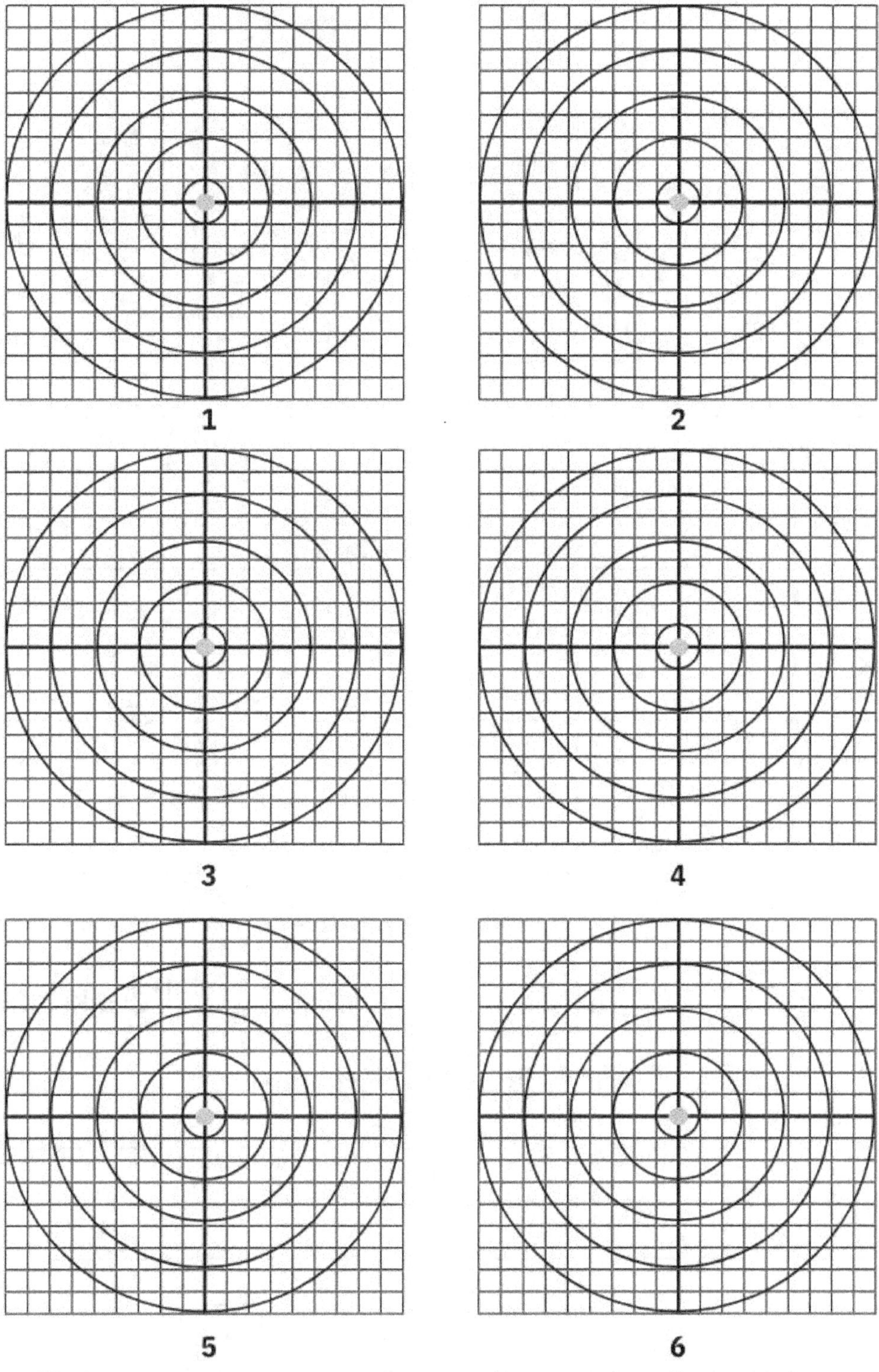

Idealny pomysł na prezent dla początkujących i profesjonalistów

Dziennik danych strzelectwa sportowego

📅 Data: _______________________ 🕐 Czas: _____________

📍 Lokalizacja: _______________________________________

Warunki pogodowe

☐   ☐   ☐   ☐   ☐   ☐   _______   _______

Strażak:	
Pocisk:	Głębokość siedzenia:
Proszek:	Ziarna:
Podkład:	
Mosiądz:	
Odległość:	

Wyniki ogólne

☐ zły   ☐ targi   ☐ dobra   ☐ doskonale

Uwagi dodatkowe

____

____

____

☆ ☆ ☆ ☆ ☆

Idealny pomysł na prezent dla początkujących i profesjonalistów

Dziennik danych strzelectwa sportowego

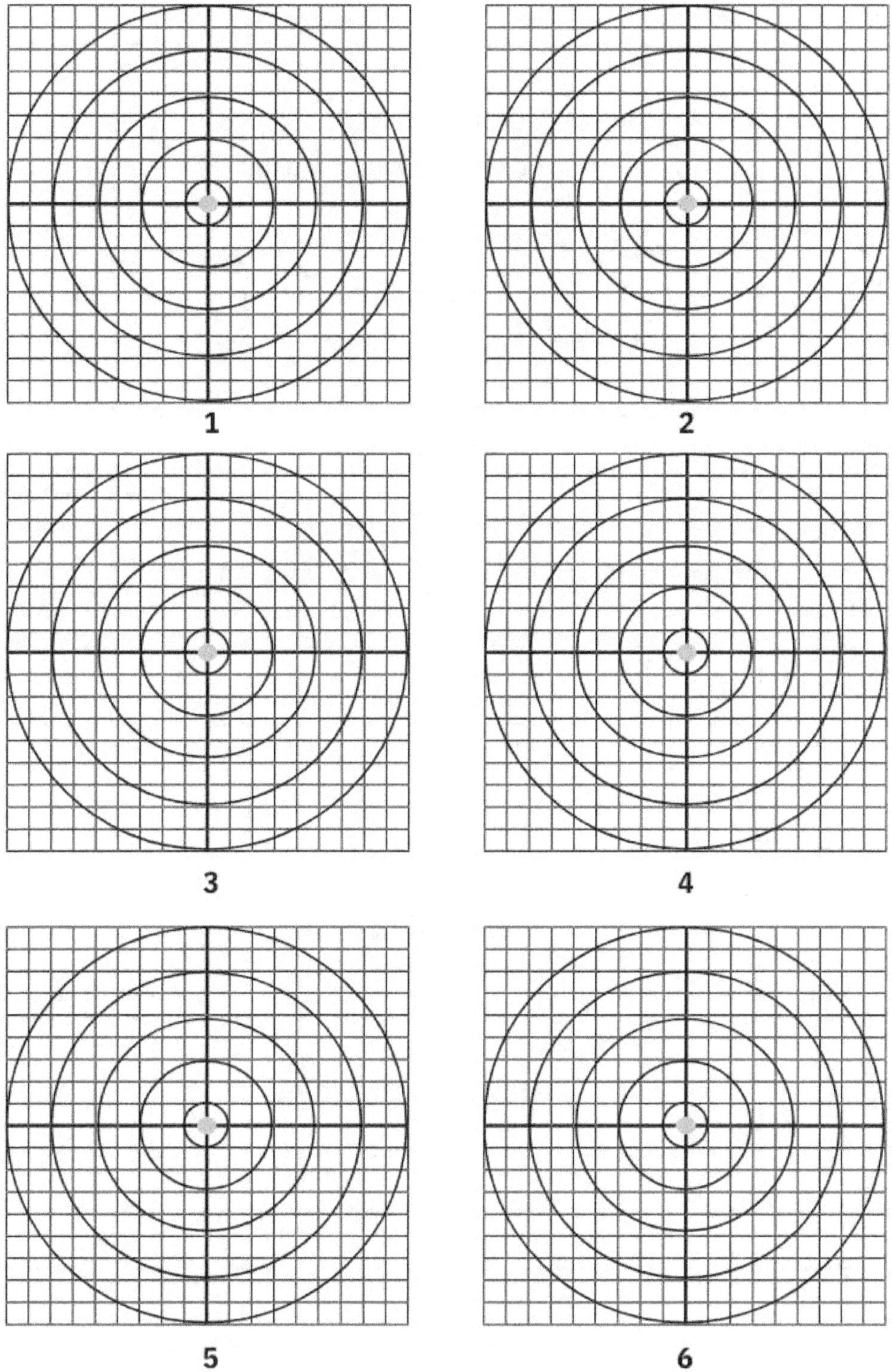

Idealny pomysł na prezent dla początkujących i profesjonalistów

Dziennik danych strzelectwa sportowego

📅 Data: ________________________   🕐 Czas: __________

📍 Lokalizacja: ________________________________

Warunki pogodowe

☐   ☐   ☐   ☐   ☐   ☐   ______   ______

Strażak:	
Pocisk:	Głębokość siedzenia:
Proszek:	Ziarna:
Podkład:	
Mosiądz:	
Odległość:	

Wyniki ogólne

☐ zły   ☐ targi   ☐ dobra   ☐ doskonale

Uwagi dodatkowe

____

____

____

☆ ☆ ☆ ☆ ☆

Idealny pomysł na prezent dla początkujących i profesjonalistów

Dziennik danych strzelectwa sportowego

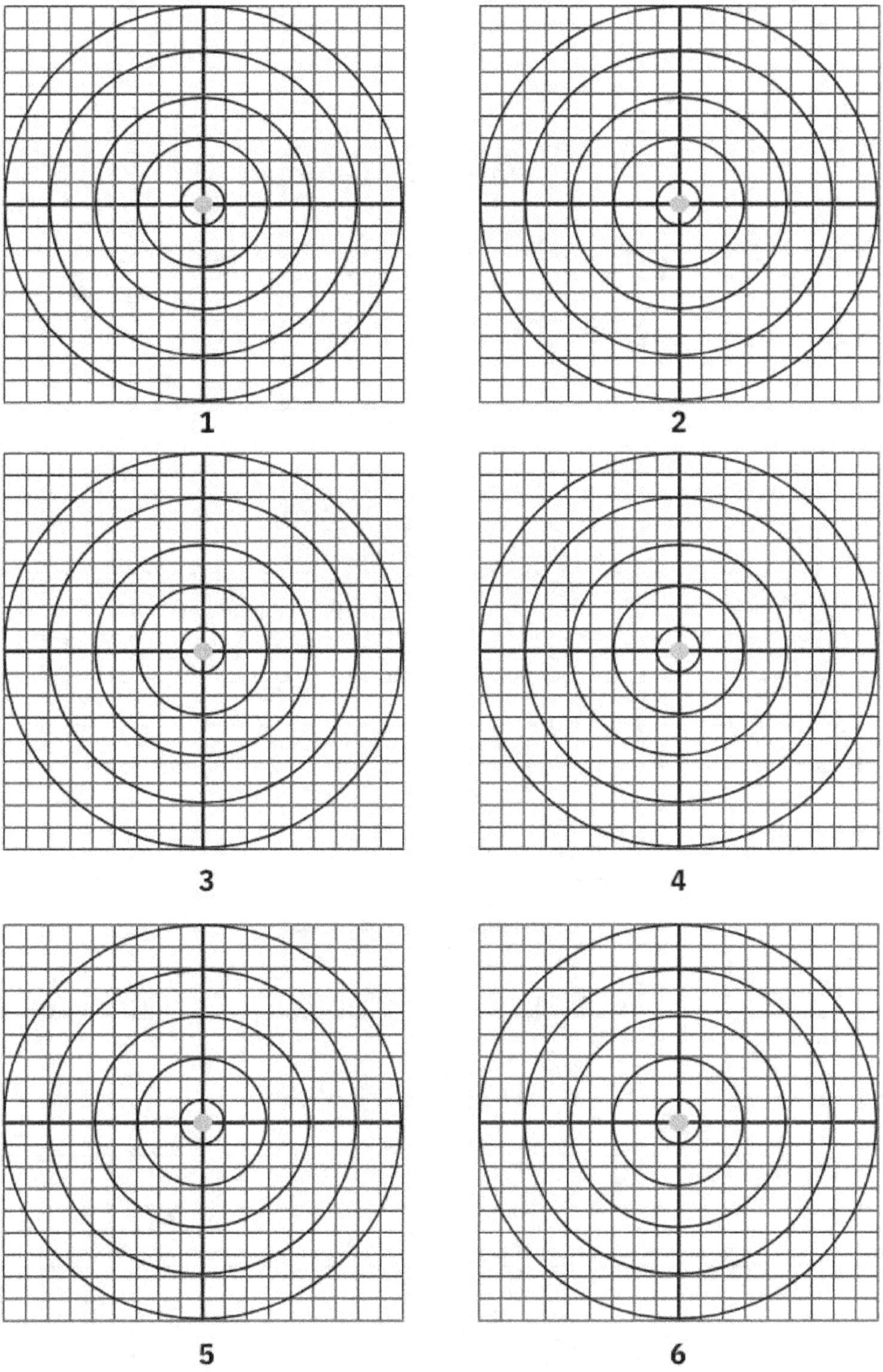

Idealny pomysł na prezent dla początkujących i profesjonalistów

Dziennik danych strzelectwa sportowego

📅 Data: _______________________ 🕐 Czas: _______________

📍 Lokalizacja: ____

Warunki pogodowe

☐ ☐ ☐ ☐ ☐ ☐ _______ _______

Strażak:	
Pocisk:	Głębokość siedzenia:
Proszek:	Ziarna:
Podkład:	
Mosiądz:	
Odległość:	

Wyniki ogólne

☐ zły   ☐ targi   ☐ dobra   ☐ doskonale

Uwagi dodatkowe

____

____

____

☆ ☆ ☆ ☆ ☆

Idealny pomysł na prezent dla początkujących i profesjonalistów

Dziennik danych strzelectwa sportowego

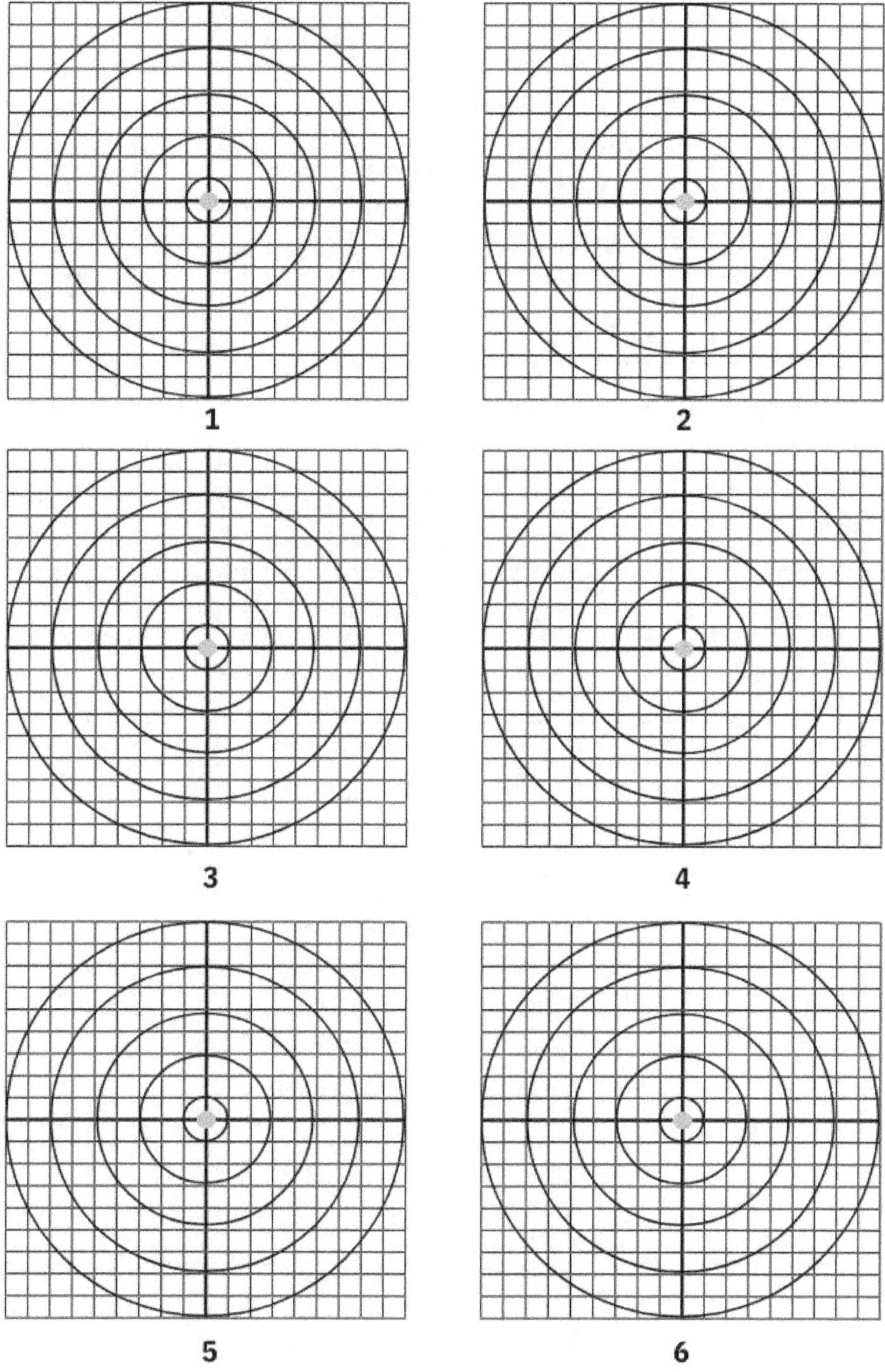

Idealny pomysł na prezent dla początkujących i profesjonalistów

Dziennik danych strzelectwa sportowego

📅 Data: _______________   🕐 Czas: _______________

📍 Lokalizacja: _______________________________________

Warunki pogodowe

☀ ☐   ⛅ ☐   🌤 ☐   🌧 ☐   🌧 ☐   🌨 ☐   🚩 _______   🌡 _______

Strażak:	
Pocisk:	Głębokość siedzenia:
Proszek:	Ziarna:
Podkład:	
Mosiądz:	
Odległość:	

Wyniki ogólne

☐ zły   ☐ targi   ☐ dobra   ☐ doskonale

Uwagi dodatkowe

____

____

____

☆ ☆ ☆ ☆ ☆

Idealny pomysł na prezent dla początkujących i profesjonalistów

Dziennik danych strzelectwa sportowego

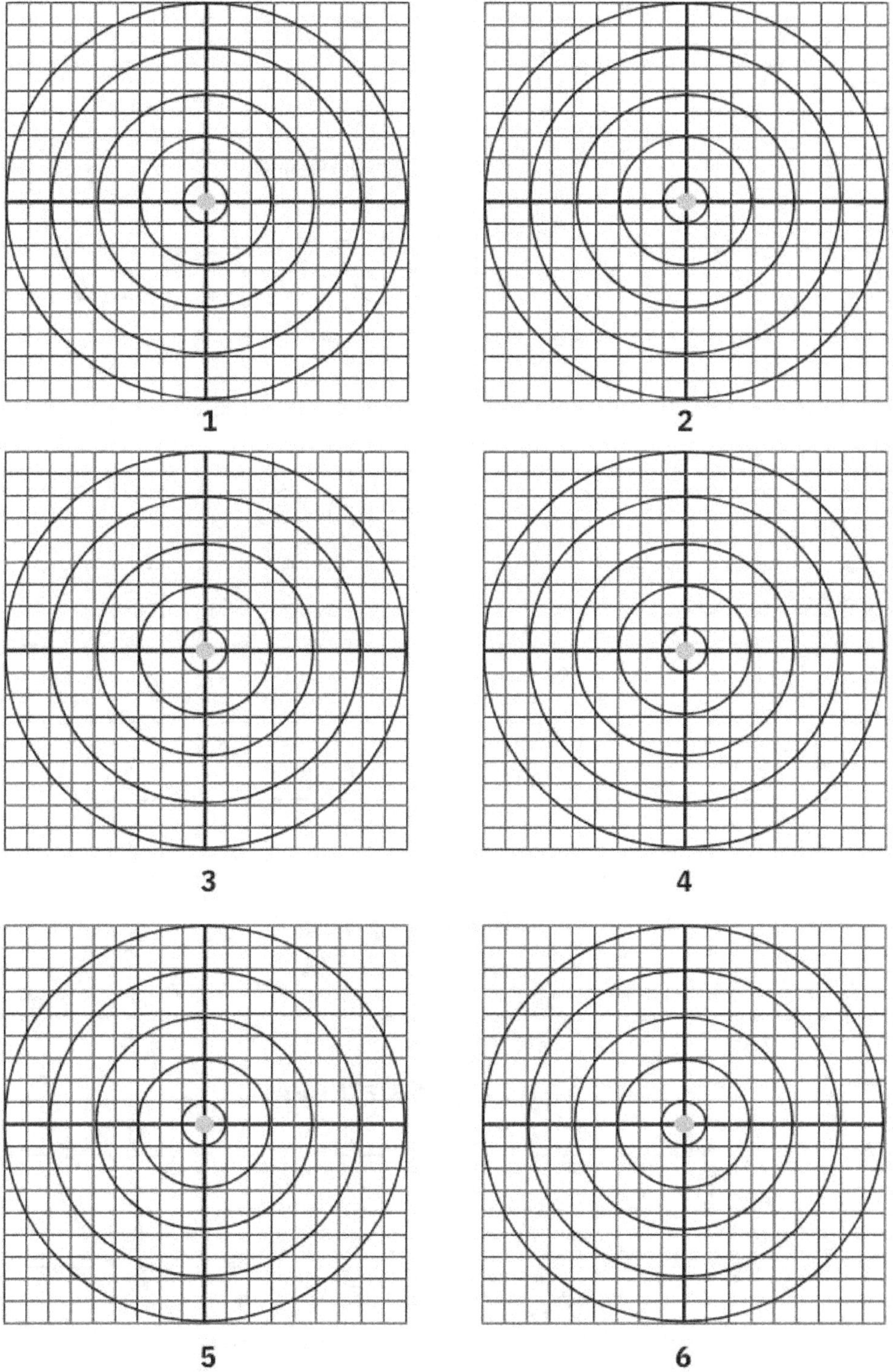

Idealny pomysł na prezent dla początkujących i profesjonalistów

Dziennik danych strzelectwa sportowego

📅 Data: _________________________   🕐 Czas: _________________

📍 Lokalizacja: ____

Warunki pogodowe

☐   ☐   ☐   ☐   ☐   ☐   ▷ _________   🌡 _________

Strażak:	
Pocisk:	Głębokość siedzenia:
Proszek:	Ziarna:
Podkład:	
Mosiądz:	
Odległość:	

Wyniki ogólne

☐ zły   ☐ targi   ☐ dobra   ☐ doskonale

Uwagi dodatkowe

____

____

____

☆ ☆ ☆ ☆ ☆

Idealny pomysł na prezent dla początkujących i profesjonalistów

Dziennik danych strzelectwa sportowego

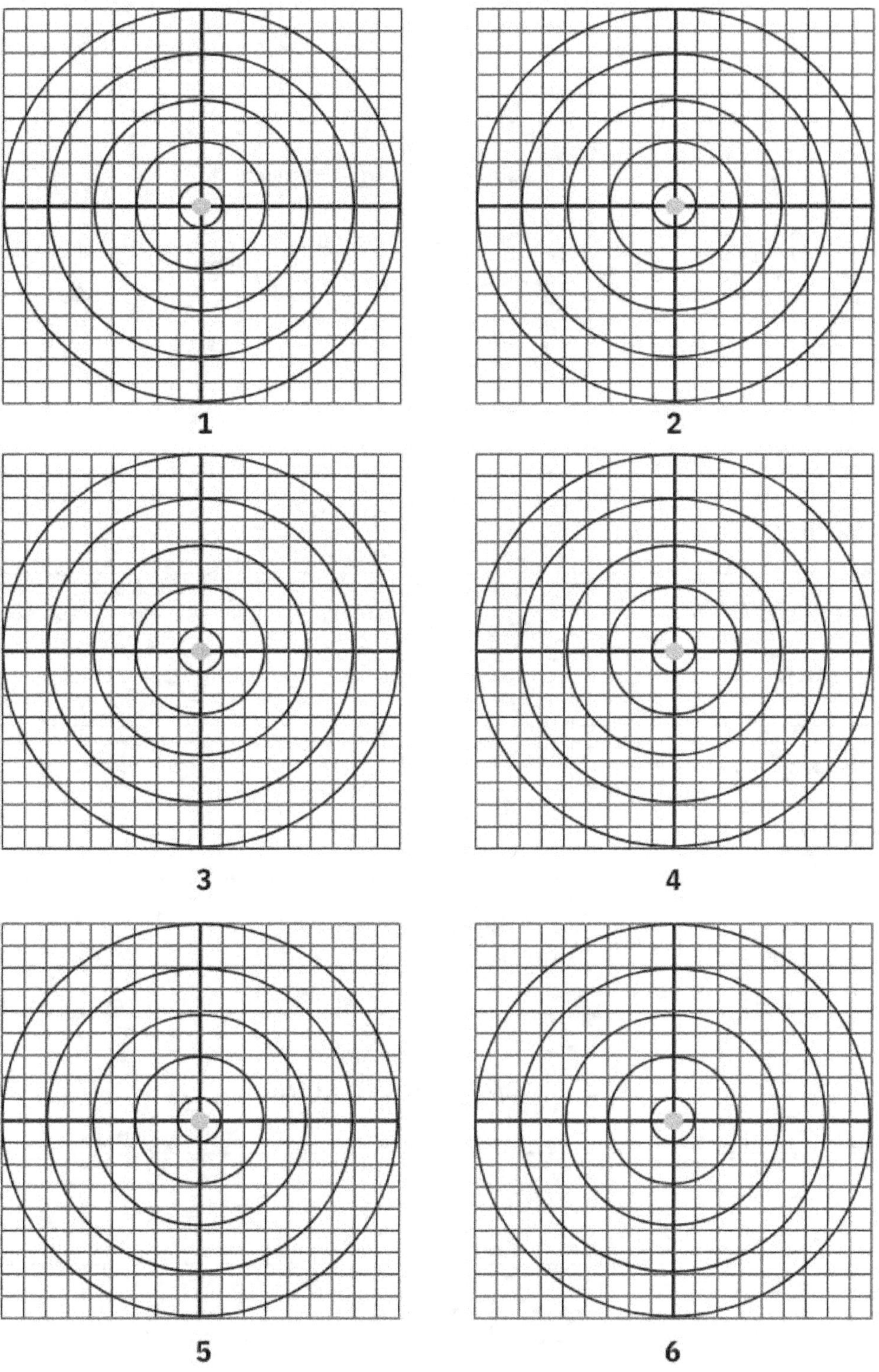

Idealny pomysł na prezent dla początkujących i profesjonalistów

Dziennik danych strzelectwa sportowego

📅 Data: ________________________   🕐 Czas: __________

📍 Lokalizacja: _______________________________

Warunki pogodowe

☐   ☐   ☐   ☐   ☐   ☐   _______   _______

Strażak:	
Pocisk:	Głębokość siedzenia:
Proszek:	Ziarna:
Podkład:	
Mosiądz:	
Odległość:	

Wyniki ogólne

☐ zły   ☐ targi   ☐ dobra   ☐ doskonale

Uwagi dodatkowe

____

____

____

☆ ☆ ☆ ☆ ☆

Idealny pomysł na prezent dla początkujących i profesjonalistów

Dziennik danych strzelectwa sportowego

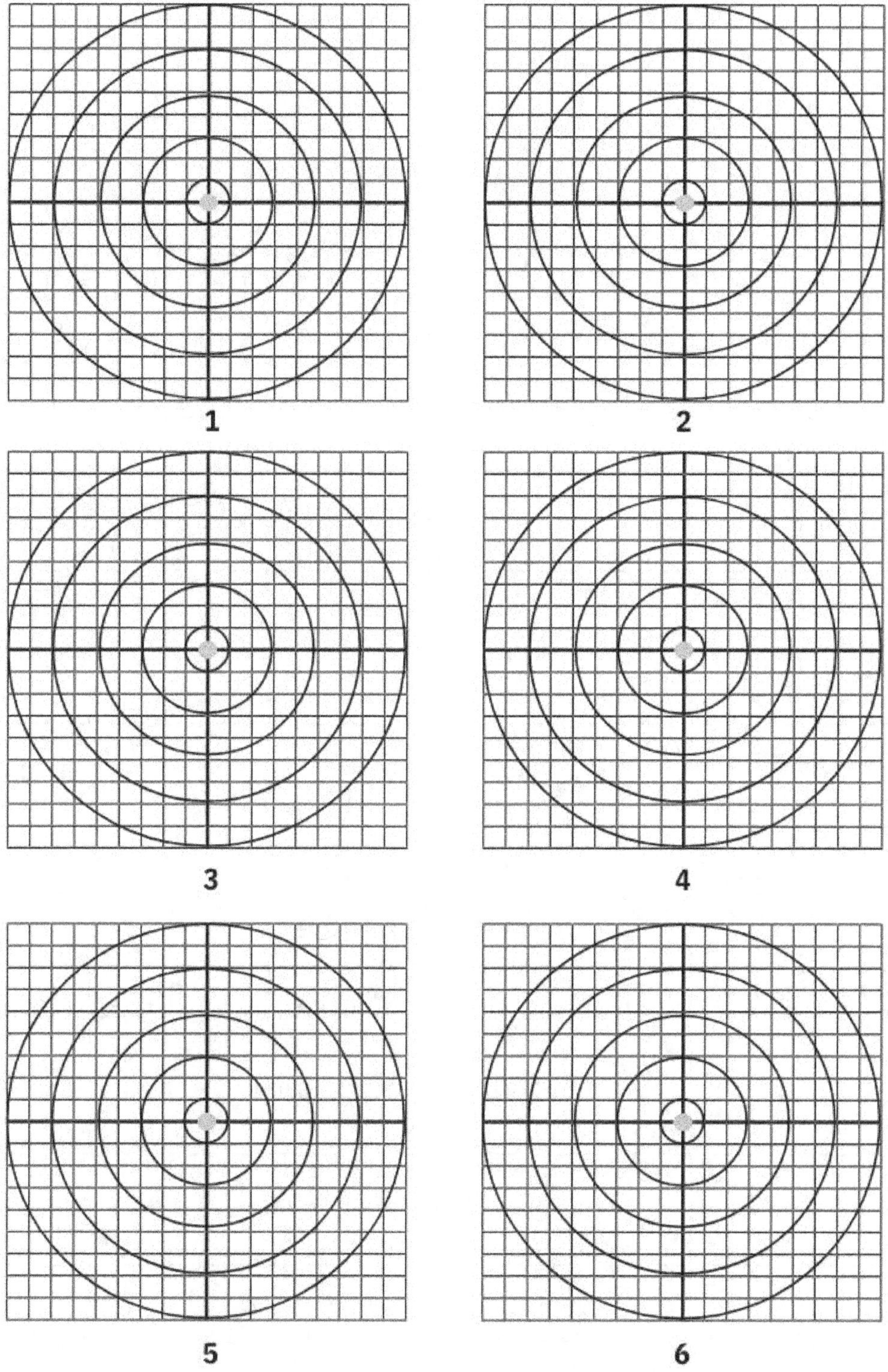

Idealny pomysł na prezent dla początkujących i profesjonalistów

Dziennik danych strzelectwa sportowego

📅 Data: _______________________ 🕐 Czas: _____________

📍 Lokalizacja: ____

Warunki pogodowe

☐   ☐   ☐   ☐   ☐   ☐   _______   _______

Strażak:	
Pocisk:	Głębokość siedzenia:
Proszek:	Ziarna:
Podkład:	
Mosiądz:	
Odległość:	

Wyniki ogólne

☐ zły   ☐ targi   ☐ dobra   ☐ doskonale

Uwagi dodatkowe

____

____

____

☆ ☆ ☆ ☆ ☆

Idealny pomysł na prezent dla początkujących i profesjonalistów

Dziennik danych strzelectwa sportowego

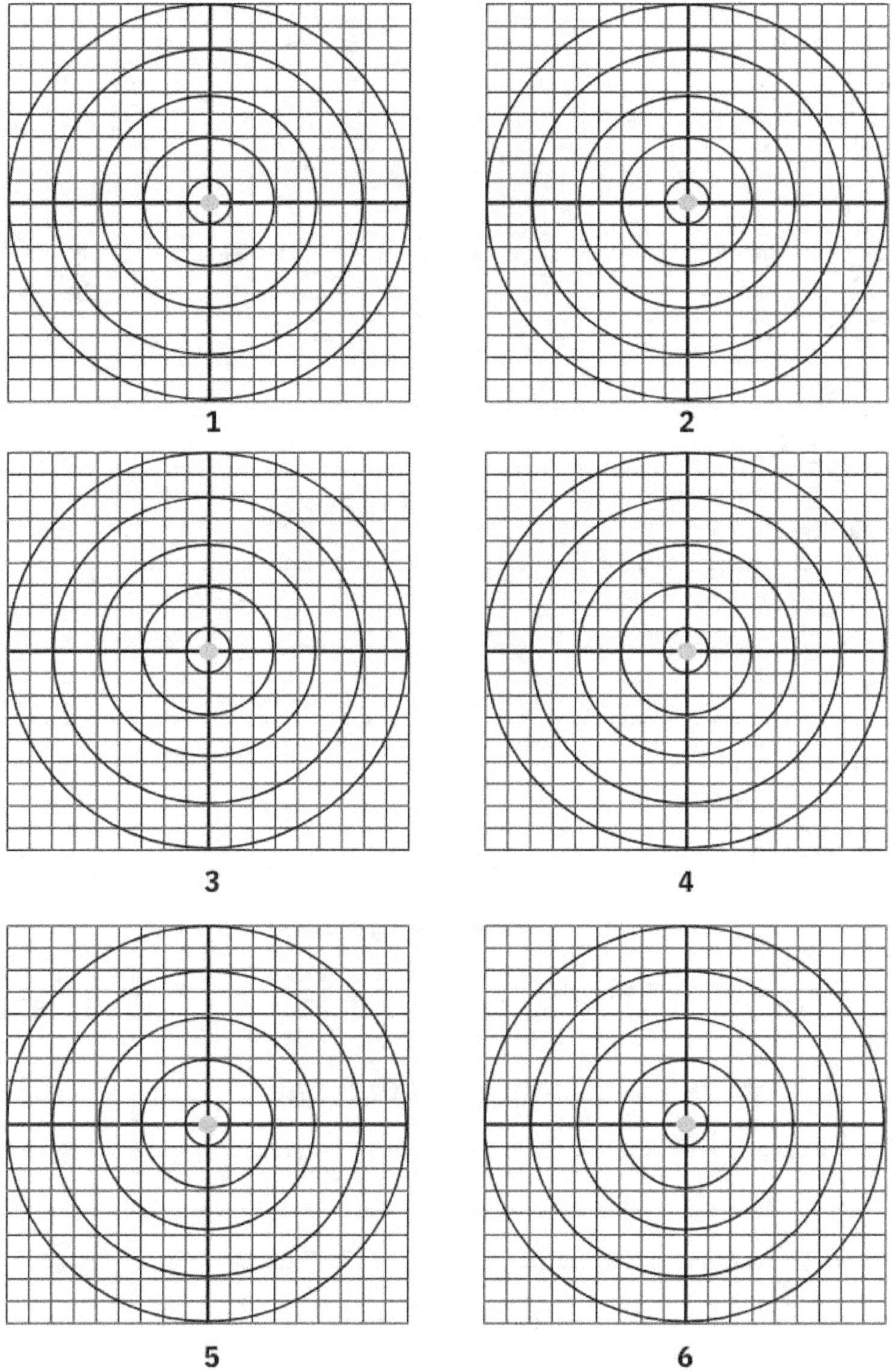

Idealny pomysł na prezent dla początkujących i profesjonalistów

Dziennik danych strzelectwa sportowego

📅 Data: _______________________   🕐 Czas: _______________

📍 Lokalizacja: ____

Warunki pogodowe

☐ ☐ ☐ ☐ ☐ ☐

Strażak:	
Pocisk:	Głębokość siedzenia:
Proszek:	Ziarna:
Podkład:	
Mosiądz:	
Odległość:	

Wyniki ogólne

☐ zły   ☐ targi   ☐ dobra   ☐ doskonale

Uwagi dodatkowe

____

____

____

☆ ☆ ☆ ☆ ☆

Idealny pomysł na prezent dla początkujących i profesjonalistów

Dziennik danych strzelectwa sportowego

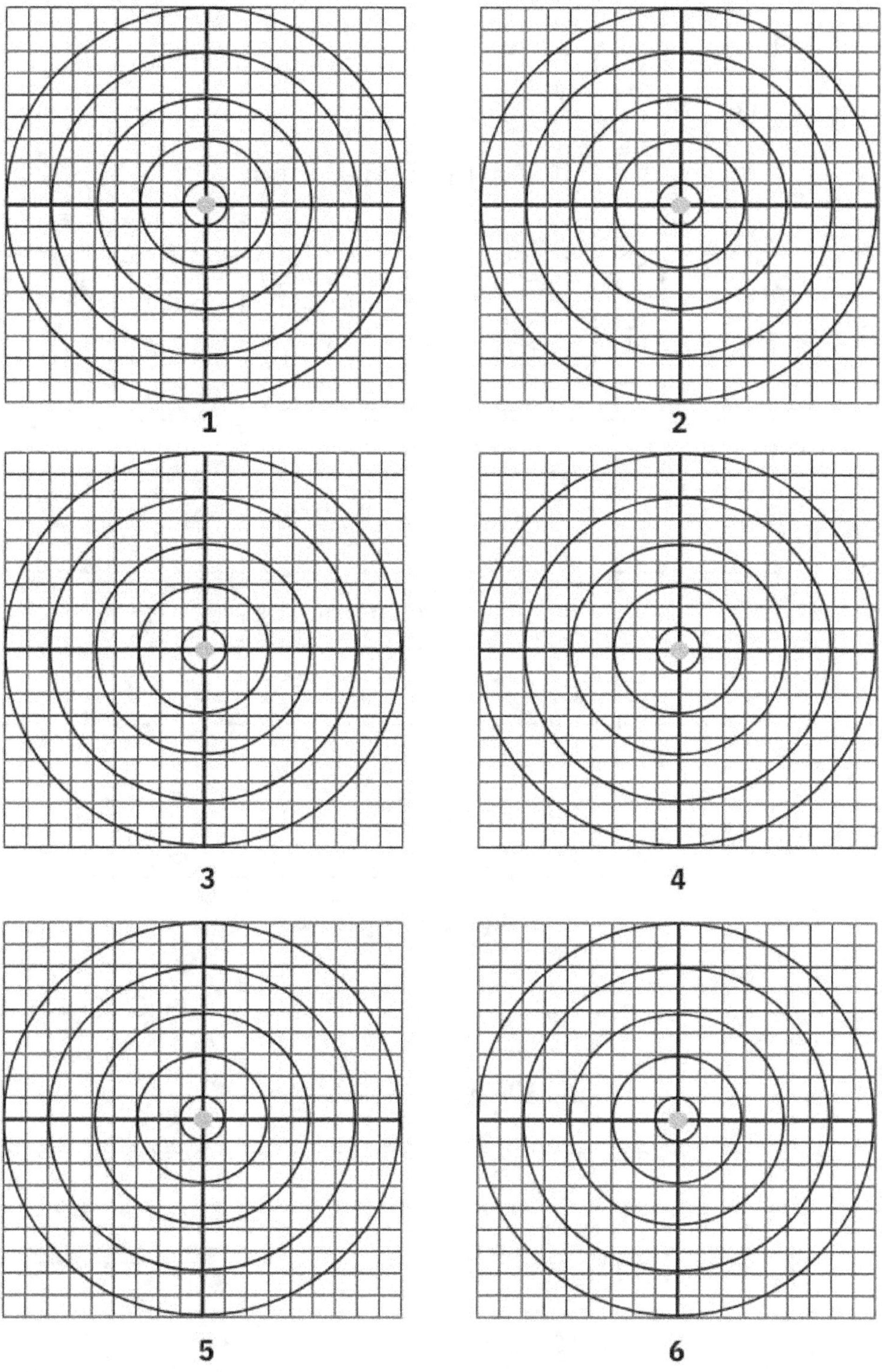

Idealny pomysł na prezent dla początkujących i profesjonalistów

Dziennik danych strzelectwa sportowego

📅 Data: _________________________   🕐 Czas: _____________

📍 Lokalizacja: ____

Warunki pogodowe

☐   ☐   ☐   ☐   ☐   ☐

Strażak:	
Pocisk:	Głębokość siedzenia:
Proszek:	Ziarna:
Podkład:	
Mosiądz:	
Odległość:	

Wyniki ogólne

☐ zły   ☐ targi   ☐ dobra   ☐ doskonale

Uwagi dodatkowe

____

____

____

☆ ☆ ☆ ☆ ☆

Idealny pomysł na prezent dla początkujących i profesjonalistów

Dziennik danych strzelectwa sportowego

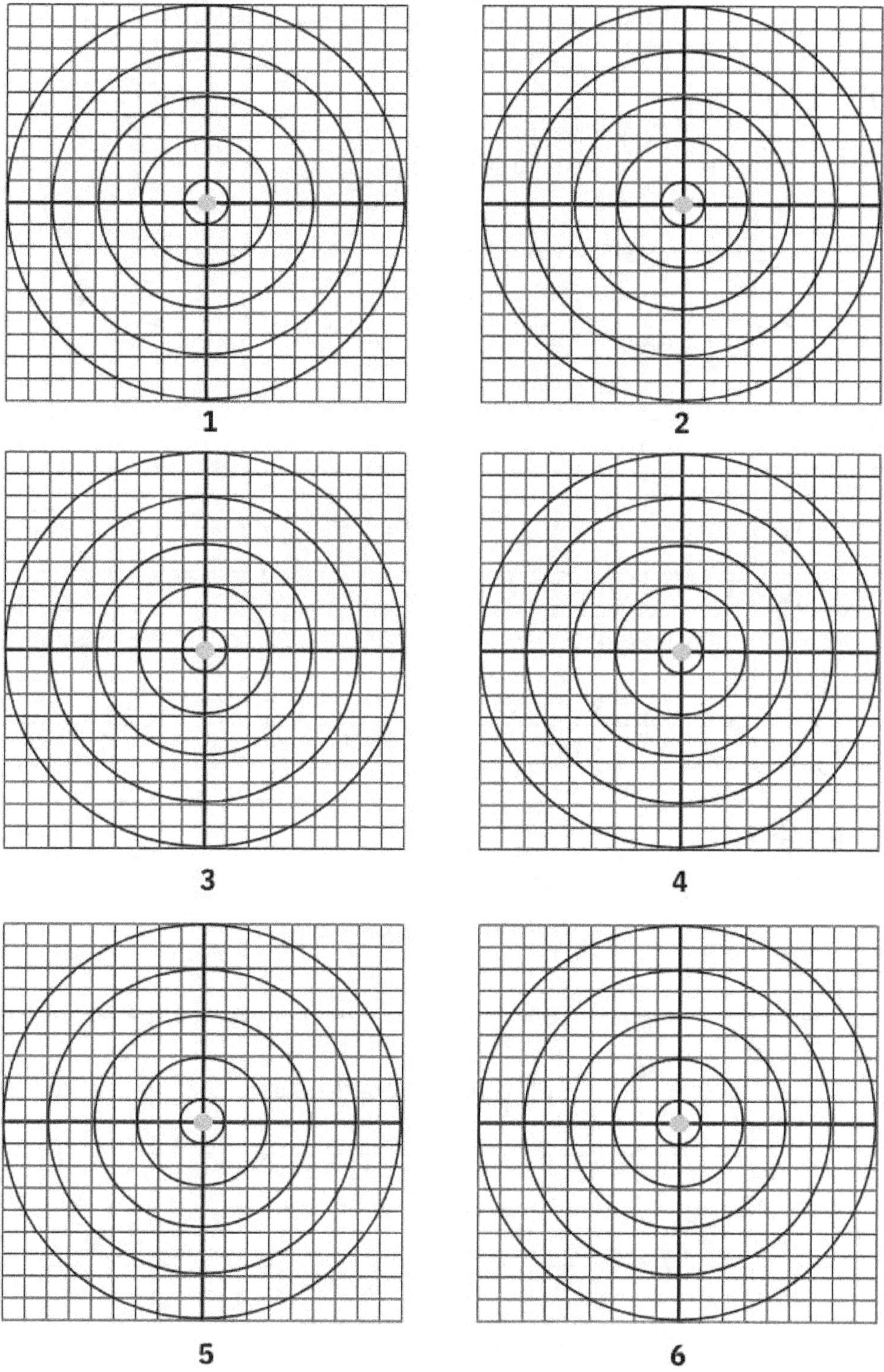

Idealny pomysł na prezent dla początkujących i profesjonalistów

Dziennik danych strzelectwa sportowego

📅 Data: _________________________ 🕐 Czas: __________

📍 Lokalizacja: _________________________________

Warunki pogodowe

☐ ☐ ☐ ☐ ☐ ☐ _______ _______

Strażak:		
Pocisk:	Głębokość siedzenia:	
Proszek:	Ziarna:	
Podkład:		
Mosiądz:		
Odległość:		

Wyniki ogólne

☐ zły   ☐ targi   ☐ dobra   ☐ doskonale

Uwagi dodatkowe

____

____

____

☆ ☆ ☆ ☆ ☆

Idealny pomysł na prezent dla początkujących i profesjonalistów

Dziennik danych strzelectwa sportowego

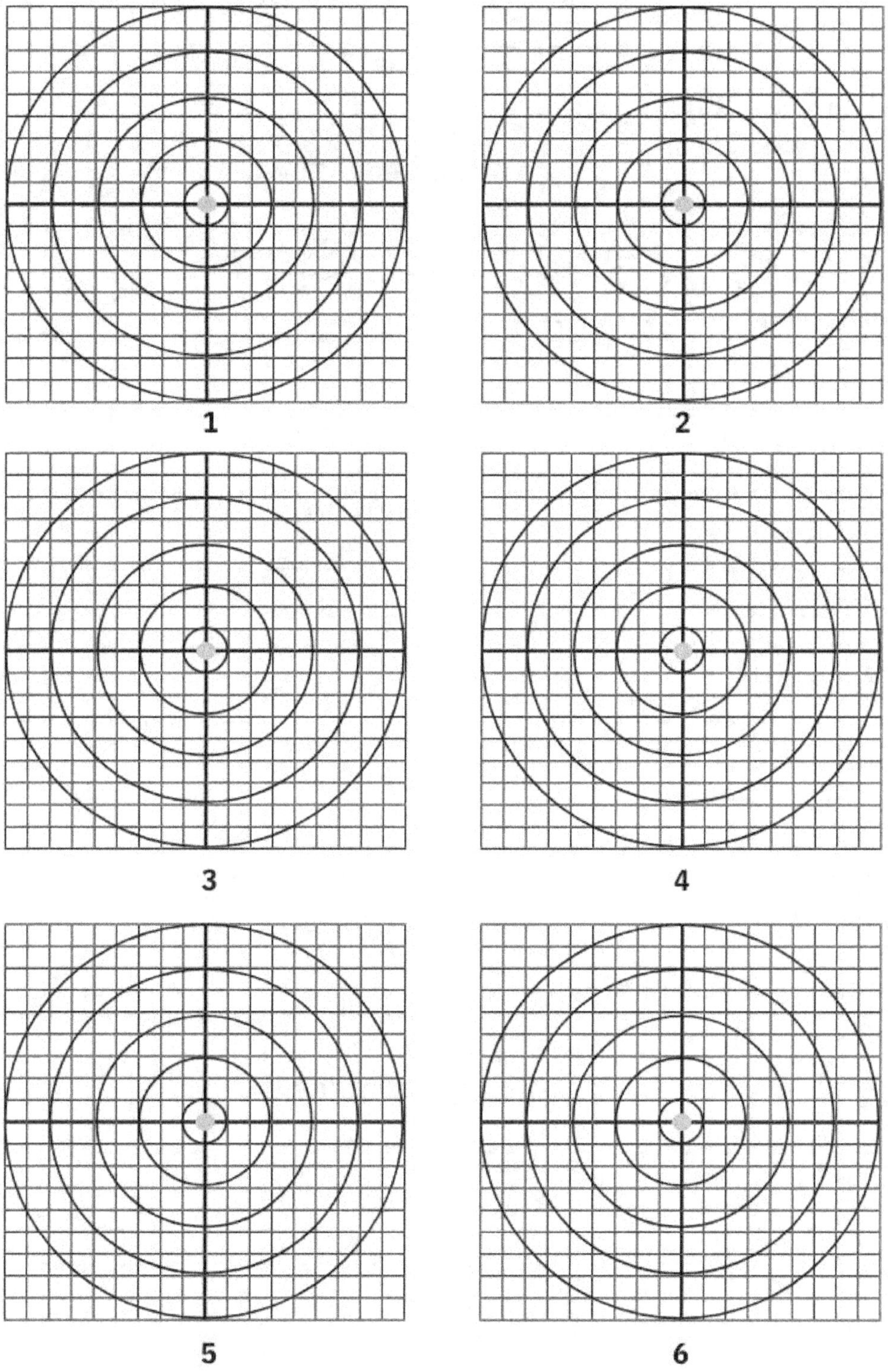

Idealny pomysł na prezent dla początkujących i profesjonalistów

Dziennik danych strzelectwa sportowego

📅 Data: _________________ 🕐 Czas: _________

📍 Lokalizacja: _______________________________

Warunki pogodowe

☀ ☁ ⛅ 🌦 🌧 🌨 🚩 🌡

☐ ☐ ☐ ☐ ☐ ☐ ______ ______

Strażak:	
Pocisk:	Głębokość siedzenia:
Proszek:	Ziarna:
Podkład:	
Mosiądz:	
Odległość:	

Wyniki ogólne

☐ zły   ☐ targi   ☐ dobra   ☐ doskonale

Uwagi dodatkowe

____

____

____

☆ ☆ ☆ ☆ ☆

Idealny pomysł na prezent dla początkujących i profesjonalistów

Dziennik danych strzelectwa sportowego

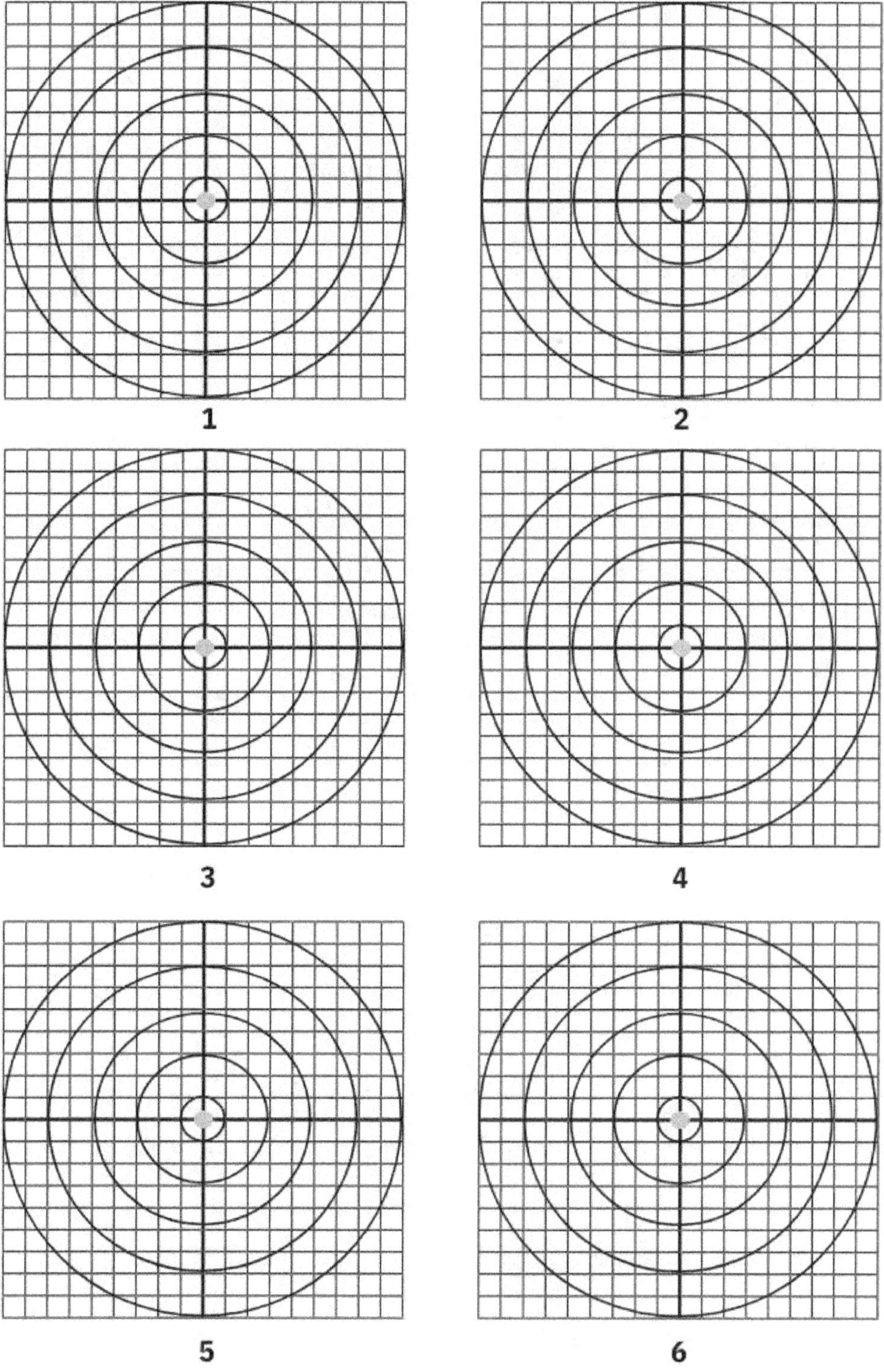

Idealny pomysł na prezent dla początkujących i profesjonalistów

Dziennik danych strzelectwa sportowego

📅 Data: _______________   🕐 Czas: _________

📍 Lokalizacja: _________________________________

Warunki pogodowe

☐ ☐ ☐ ☐ ☐ ☐ _______ _______

Strażak:	
Pocisk:	Głębokość siedzenia:
Proszek:	Ziarna:
Podkład:	
Mosiądz:	
Odległość:	

Wyniki ogólne

☐ zły   ☐ targi   ☐ dobra   ☐ doskonale

Uwagi dodatkowe

____

____

____

☆ ☆ ☆ ☆ ☆

Idealny pomysł na prezent dla początkujących i profesjonalistów

Dziennik danych strzelectwa sportowego

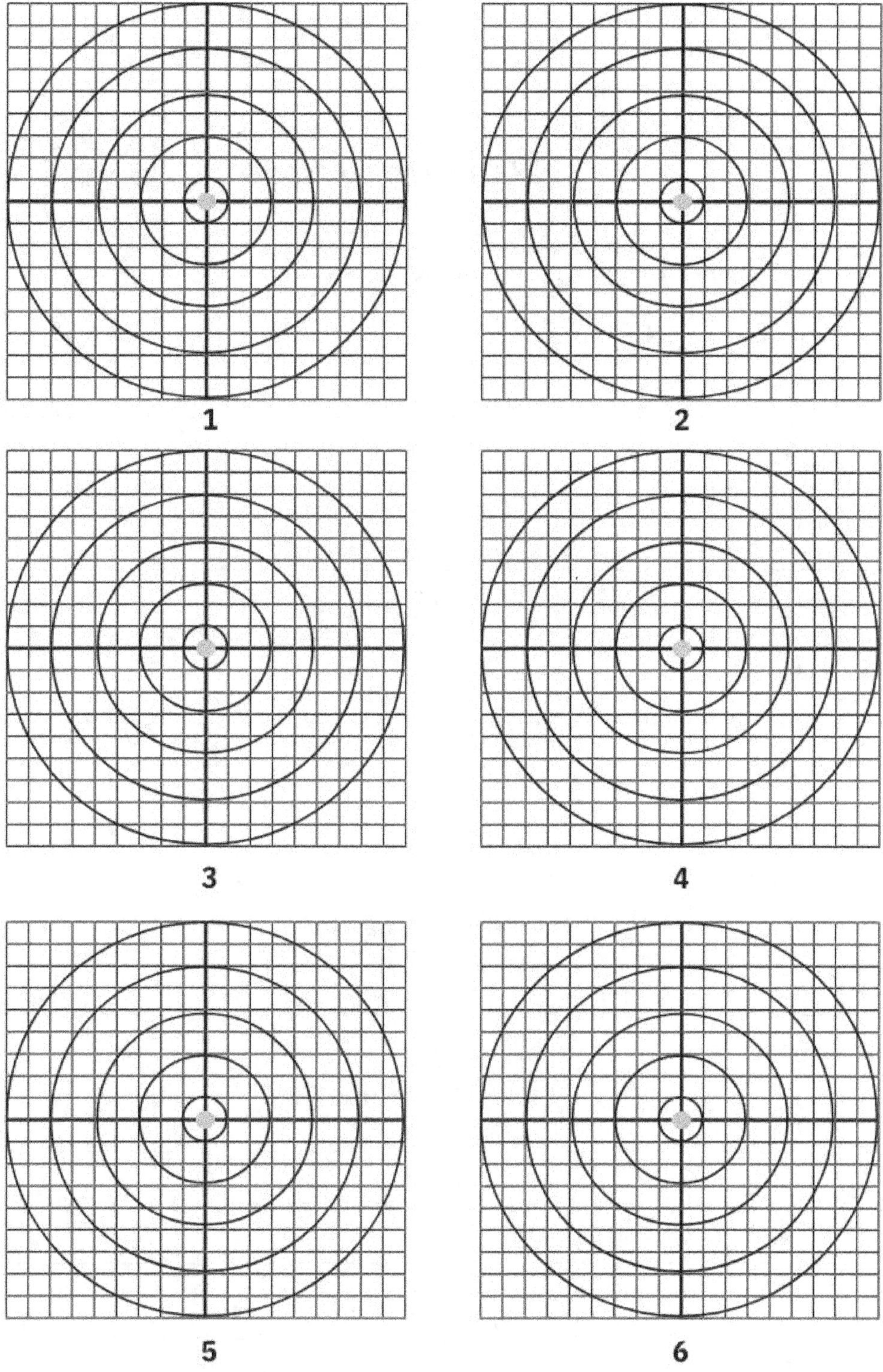

Idealny pomysł na prezent dla początkujących i profesjonalistów

Dziennik danych strzelectwa sportowego

📅 Data: _____________ 🕐 Czas: _________

📍 Lokalizacja: _______________________________

Warunki pogodowe

☐   ☐   ☐   ☐   ☐   ☐   _________   _________

Strażak:	
Pocisk:	Głębokość siedzenia:
Proszek:	Ziarna:
Podkład:	
Mosiądz:	
Odległość:	

Wyniki ogólne

☐ zły   ☐ targi   ☐ dobra   ☐ doskonale

Uwagi dodatkowe

____

____

____

☆ ☆ ☆ ☆ ☆

Idealny pomysł na prezent dla początkujących i profesjonalistów

Dziennik danych strzelectwa sportowego

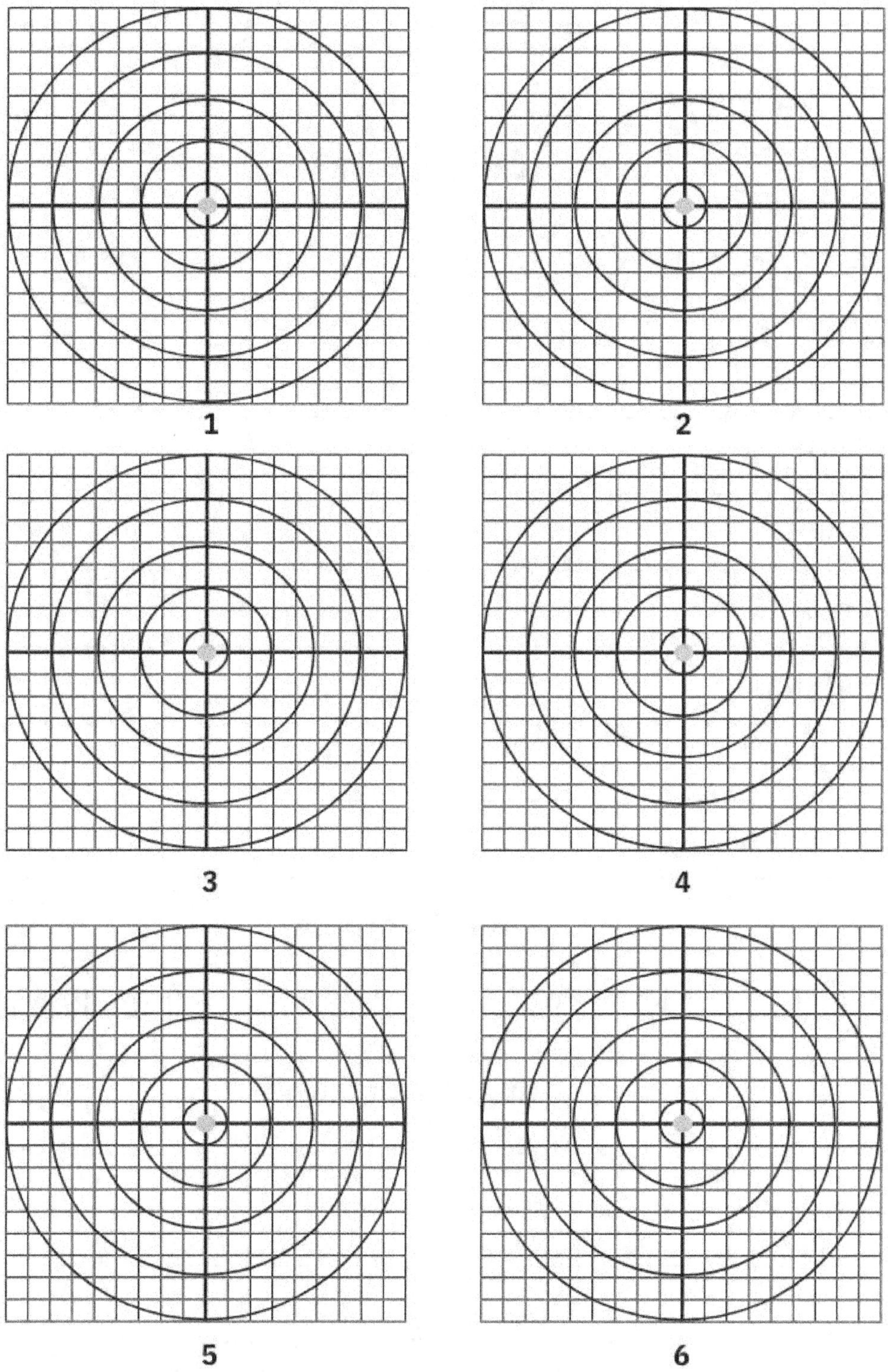

Idealny pomysł na prezent dla początkujących i profesjonalistów

Dziennik danych strzelectwa sportowego

📅 Data: _________________________ 🕐 Czas: _____________

📍 Lokalizacja: ____

Warunki pogodowe

☀️ ☐ ⛅ ☐ 🌤️ ☐ 🌦️ ☐ 🌧️ ☐ 🌨️ ☐ 🚩 _______ 🌡️ _______

Strażak:	
Pocisk:	Głębokość siedzenia:
Proszek:	Ziarna:
Podkład:	
Mosiądz:	
Odległość:	

Wyniki ogólne

☐ zły   ☐ targi   ☐ dobra   ☐ doskonale

Uwagi dodatkowe

____

____

____

☆ ☆ ☆ ☆ ☆

Idealny pomysł na prezent dla początkujących i profesjonalistów

Dziennik danych strzelectwa sportowego

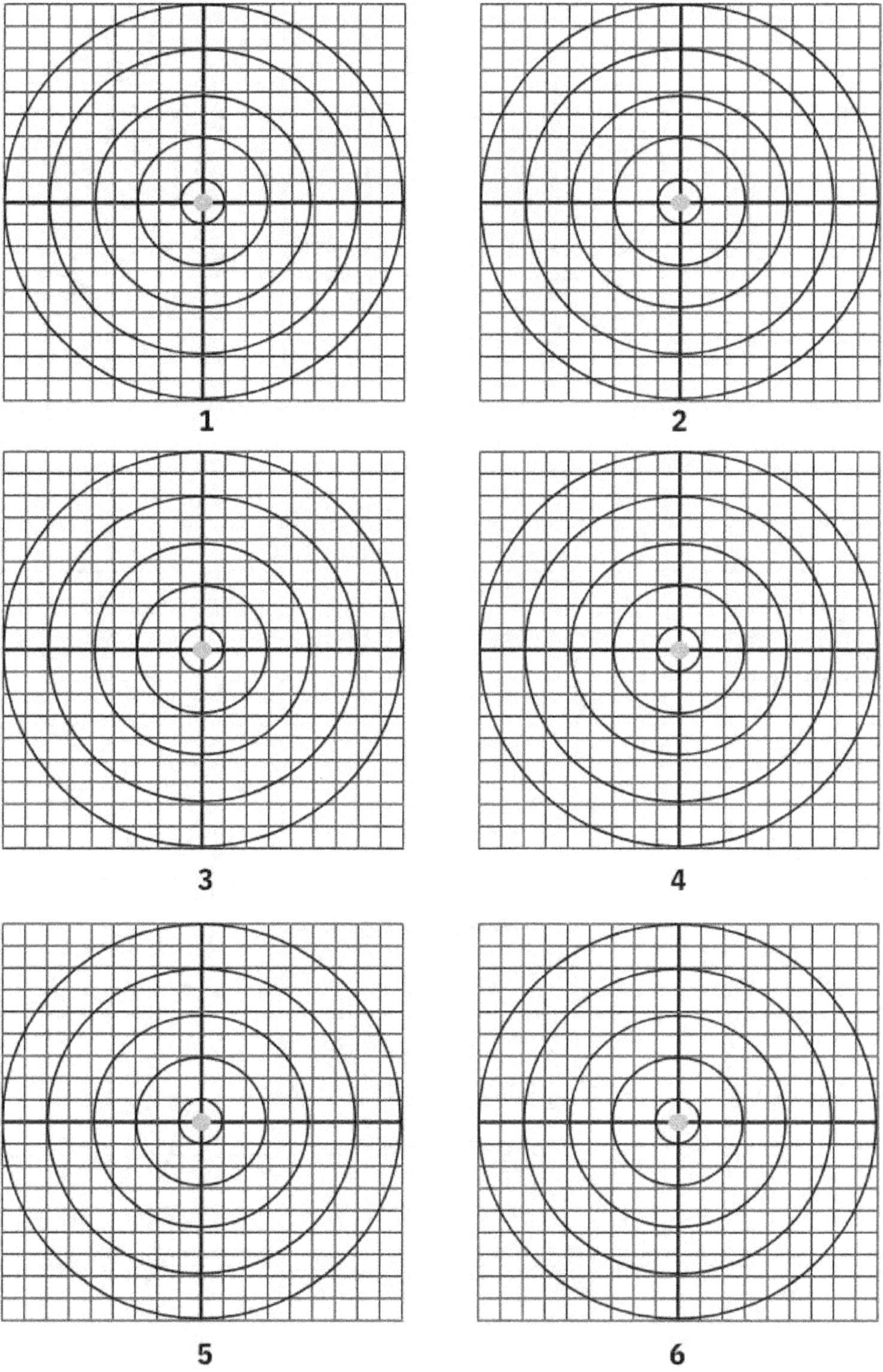

Idealny pomysł na prezent dla początkujących i profesjonalistów

Dziennik danych strzelectwa sportowego

📅 Data: ________________   🕐 Czas: ____________

📍 Lokalizacja: ________________________________

Warunki pogodowe

☐ ☐ ☐ ☐ ☐ ☐ ______ ______

Strażak:	
Pocisk:	Głębokość siedzenia:
Proszek:	Ziarna:
Podkład:	
Mosiądz:	
Odległość:	

Wyniki ogólne

☐ zły   ☐ targi   ☐ dobra   ☐ doskonale

Uwagi dodatkowe

____

____

____

☆ ☆ ☆ ☆ ☆

Idealny pomysł na prezent dla początkujących i profesjonalistów

Dziennik danych strzelectwa sportowego

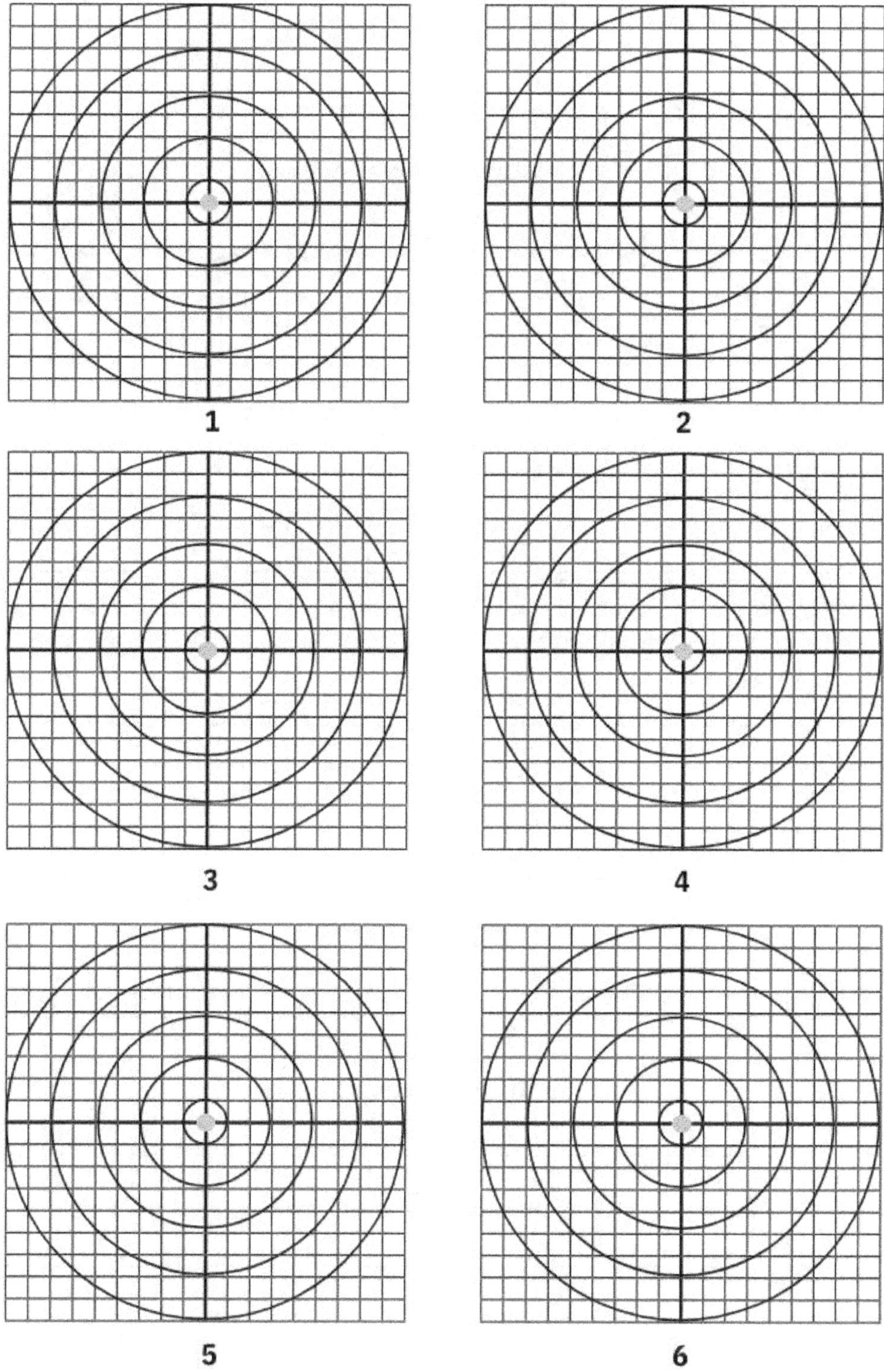

Idealny pomysł na prezent dla początkujących i profesjonalistów

Dziennik danych strzelectwa sportowego

📅 Data: _______________________   🕐 Czas: _______________

📍 Lokalizacja: ____

Warunki pogodowe

☐   ☐   ☐   ☐   ☐   ☐   _______   _______

Strażak:	
Pocisk:	Głębokość siedzenia:
Proszek:	Ziarna:
Podkład:	
Mosiądz:	
Odległość:	

Wyniki ogólne

☐ zły   ☐ targi   ☐ dobra   ☐ doskonale

Uwagi dodatkowe

____

____

____

☆ ☆ ☆ ☆ ☆

Idealny pomysł na prezent dla początkujących i profesjonalistów

Dziennik danych strzelectwa sportowego

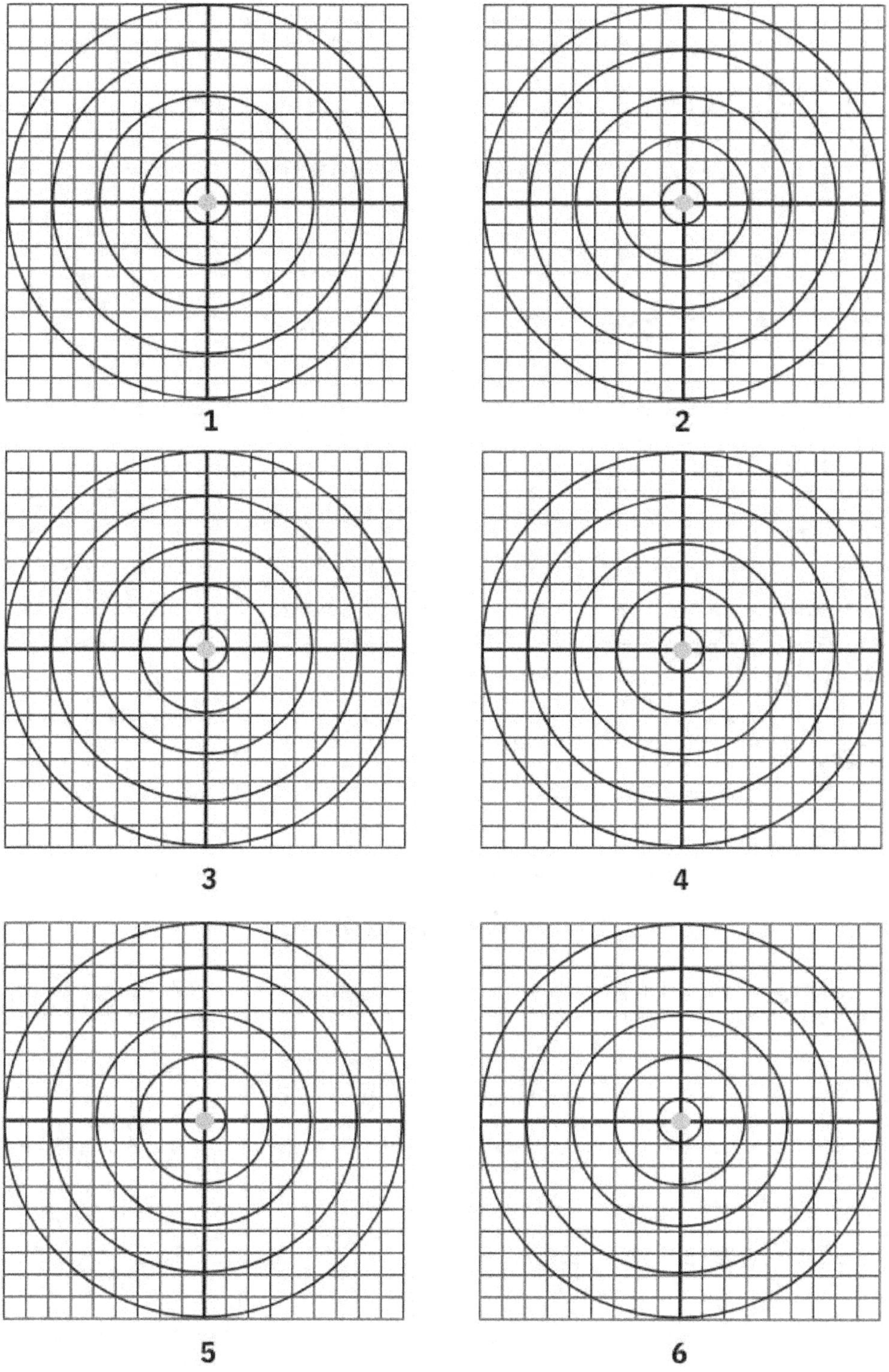

Idealny pomysł na prezent dla początkujących i profesjonalistów

Dziennik danych strzelectwa sportowego

📅 Data: _______________________   🕐 Czas: _______________

📍 Lokalizacja: ____

Warunki pogodowe

☀ ☐   ⛅ ☐   🌥 ☐   🌦 ☐   🌧 ☐   🌨 ☐   🚩 _______   🌡 _______

Strażak:	
Pocisk:	Głębokość siedzenia:
Proszek:	Ziarna:
Podkład:	
Mosiądz:	
Odległość:	

Wyniki ogólne

☐ zły   ☐ targi   ☐ dobra   ☐ doskonale

Uwagi dodatkowe

____

____

____

☆ ☆ ☆ ☆ ☆

Idealny pomysł na prezent dla początkujących i profesjonalistów

Dziennik danych strzelectwa sportowego

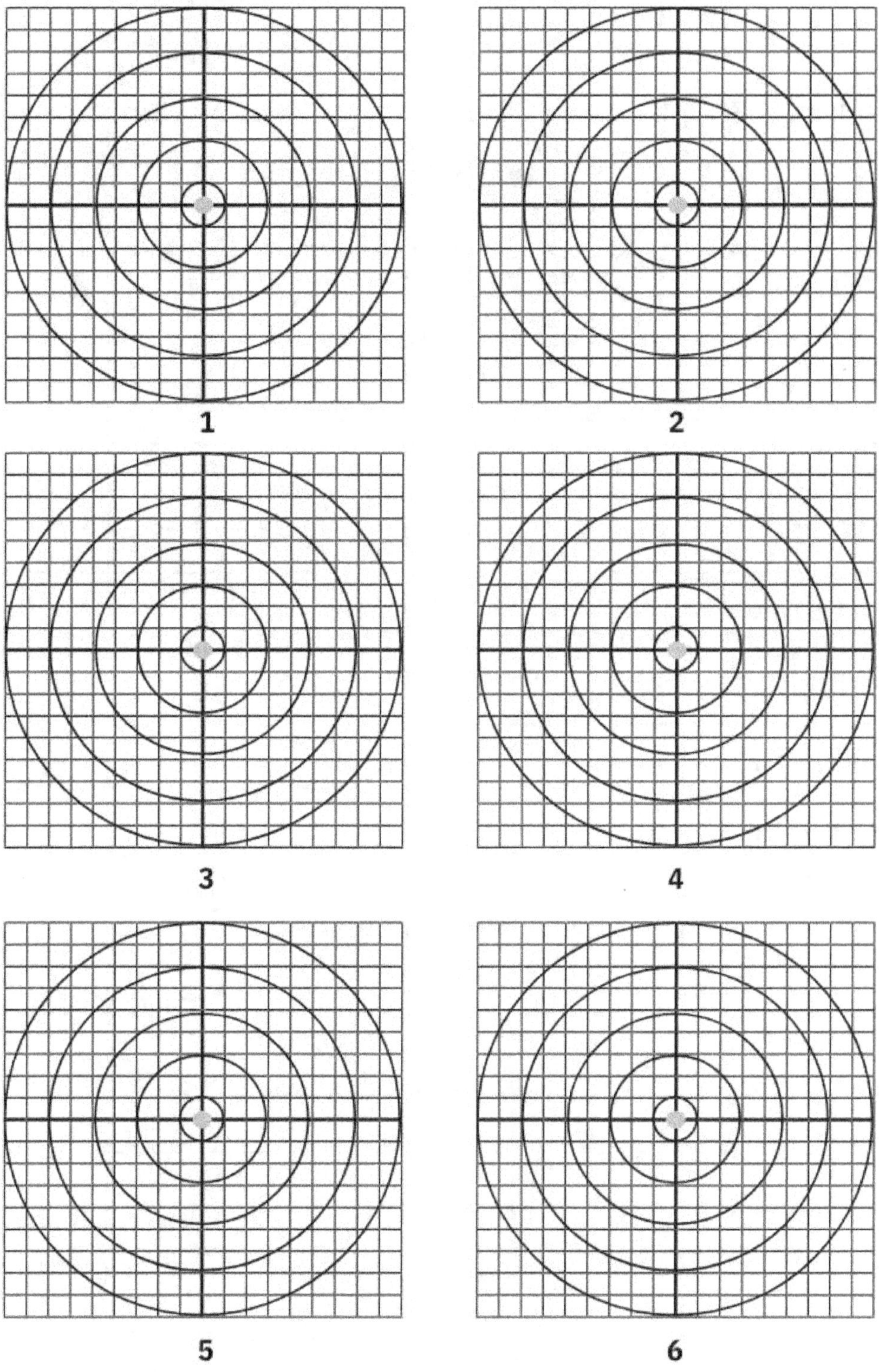

Idealny pomysł na prezent dla początkujących i profesjonalistów

Dziennik danych strzelectwa sportowego

📅 Data: _______________   🕐 Czas: __________

📍 Lokalizacja: _______________________

Warunki pogodowe

☀ ☐   ⛅ ☐   🌥 ☐   🌦 ☐   🌧 ☐   🌨 ☐   🚩 _______   🌡 _______

Strażak:	
Pocisk:	Głębokość siedzenia:
Proszek:	Ziarna:
Podkład:	
Mosiądz:	
Odległość:	

Wyniki ogólne

☐ zły   ☐ targi   ☐ dobra   ☐ doskonale

Uwagi dodatkowe

____

____

____

☆ ☆ ☆ ☆ ☆

Idealny pomysł na prezent dla początkujących i profesjonalistów

Dziennik danych strzelectwa sportowego

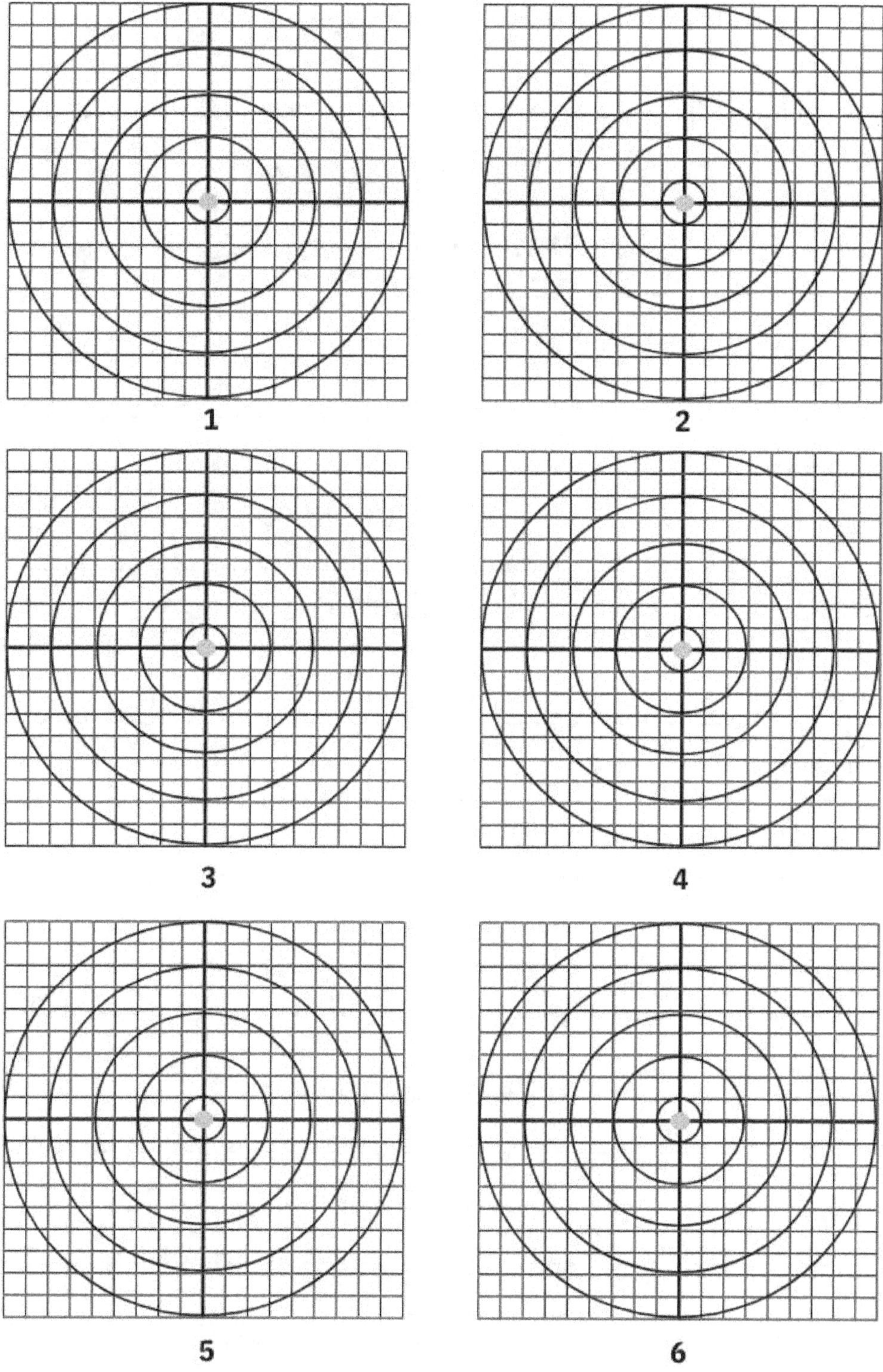

Idealny pomysł na prezent dla początkujących i profesjonalistów

Dziennik danych strzelectwa sportowego

📅 Data: _______________ 🕐 Czas: _______________

📍 Lokalizacja: _______________________________

Warunki pogodowe

☀ ☐　🌤 ☐　⛅ ☐　🌧 ☐　🌦 ☐　🌨 ☐　🏴 ______　🌡 ______

Strażak:	
Pocisk:	Głębokość siedzenia:
Proszek:	Ziarna:
Podkład:	
Mosiądz:	
Odległość:	

Wyniki ogólne

☐ zły　　☐ targi　　☐ dobra　　☐ doskonale

Uwagi dodatkowe

____

____

____

☆ ☆ ☆ ☆ ☆

Idealny pomysł na prezent dla początkujących i profesjonalistów

Dziennik danych strzelectwa sportowego

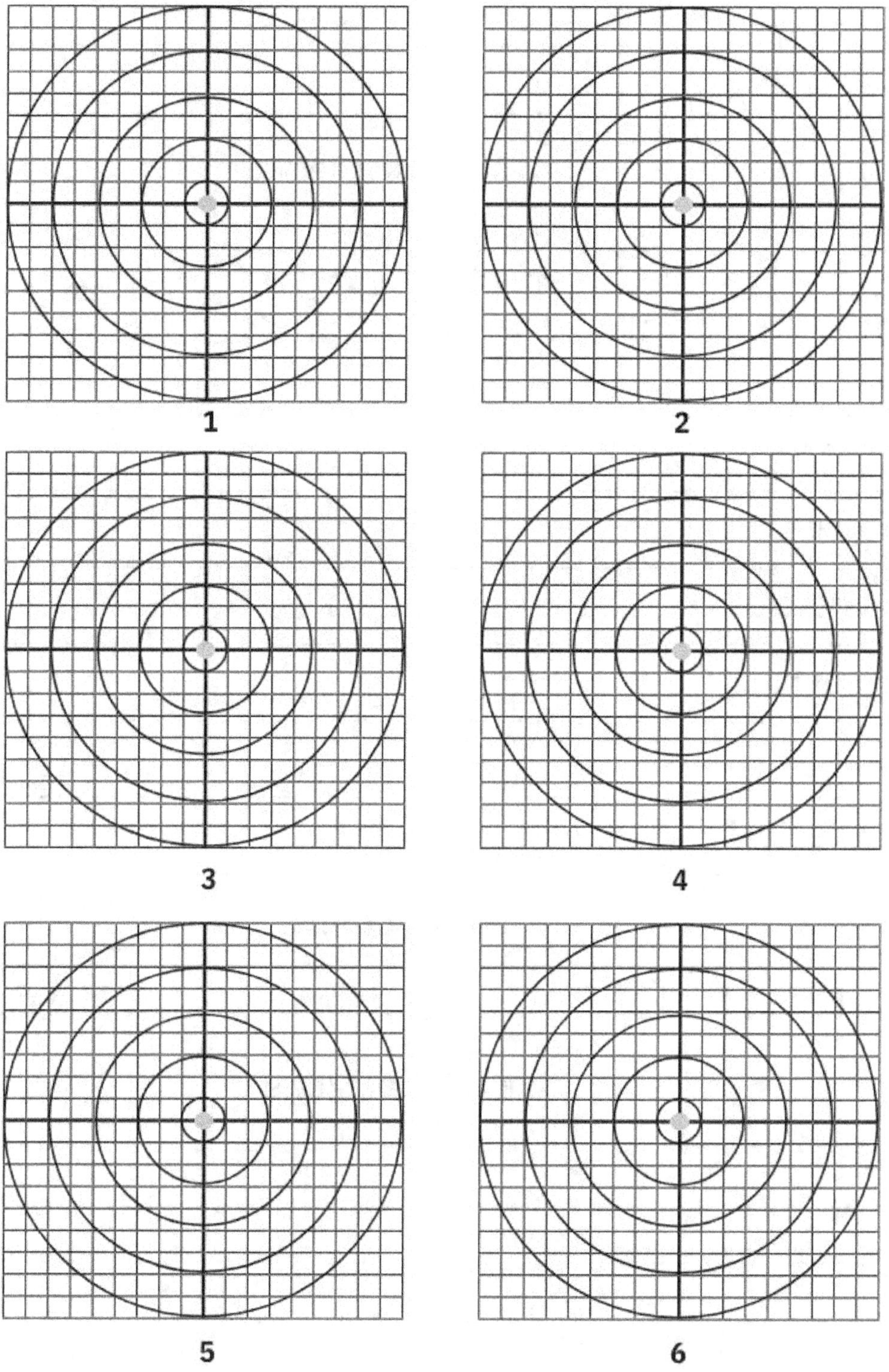

Idealny pomysł na prezent dla początkujących i profesjonalistów

Dziennik danych strzelectwa sportowego

📅 Data: _________________________ 🕐 Czas: _____________

📍 Lokalizacja: _____________________________________

Warunki pogodowe

☐   ☐   ☐   ☐   ☐   ☐   🚩 _________   🌡 _________

Strażak:	
Pocisk:	Głębokość siedzenia:
Proszek:	Ziarna:
Podkład:	
Mosiądz:	
Odległość:	

Wyniki ogólne

☐ zły   ☐ targi   ☐ dobra   ☐ doskonale

Uwagi dodatkowe

____

____

____

☆ ☆ ☆ ☆ ☆

Idealny pomysł na prezent dla początkujących i profesjonalistów

Dziennik danych strzelectwa sportowego

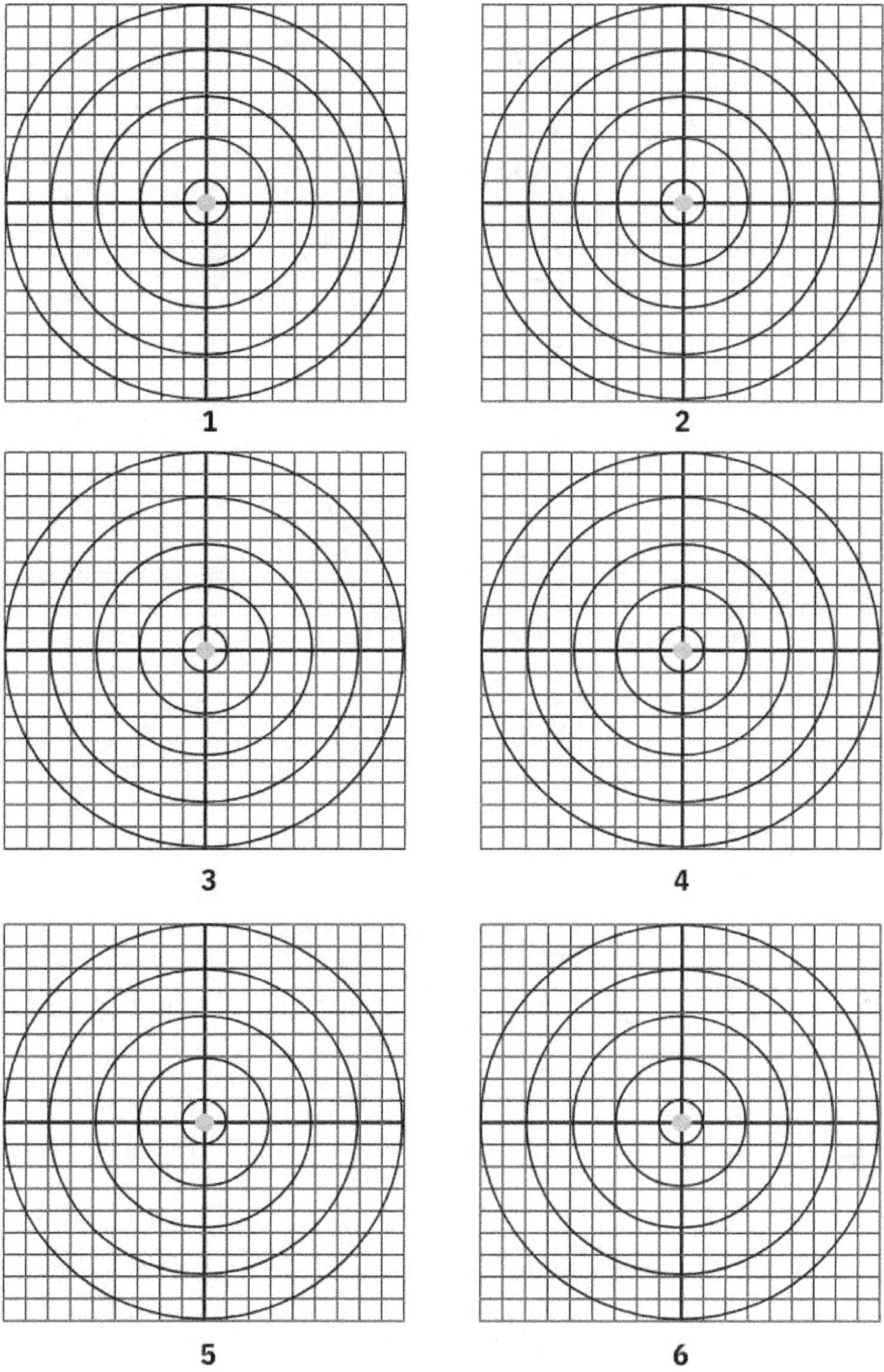

Idealny pomysł na prezent dla początkujących i profesjonalistów

Dziennik danych strzelectwa sportowego

📅 Data: _______________   🕐 Czas: _______________

📍 Lokalizacja: _______________________________________

Warunki pogodowe

☀ ☐   ⛅ ☐   🌤 ☐   🌧 ☐   🌧 ☐   🌨 ☐   🚩 _______   🌡 _______

Strażak:	
Pocisk:	Głębokość siedzenia:
Proszek:	Ziarna:
Podkład:	
Mosiądz:	
Odległość:	

Wyniki ogólne

☐ zły   ☐ targi   ☐ dobra   ☐ doskonale

Uwagi dodatkowe

____

____

____

☆ ☆ ☆ ☆ ☆

Idealny pomysł na prezent dla początkujących i profesjonalistów

Dziennik danych strzelectwa sportowego

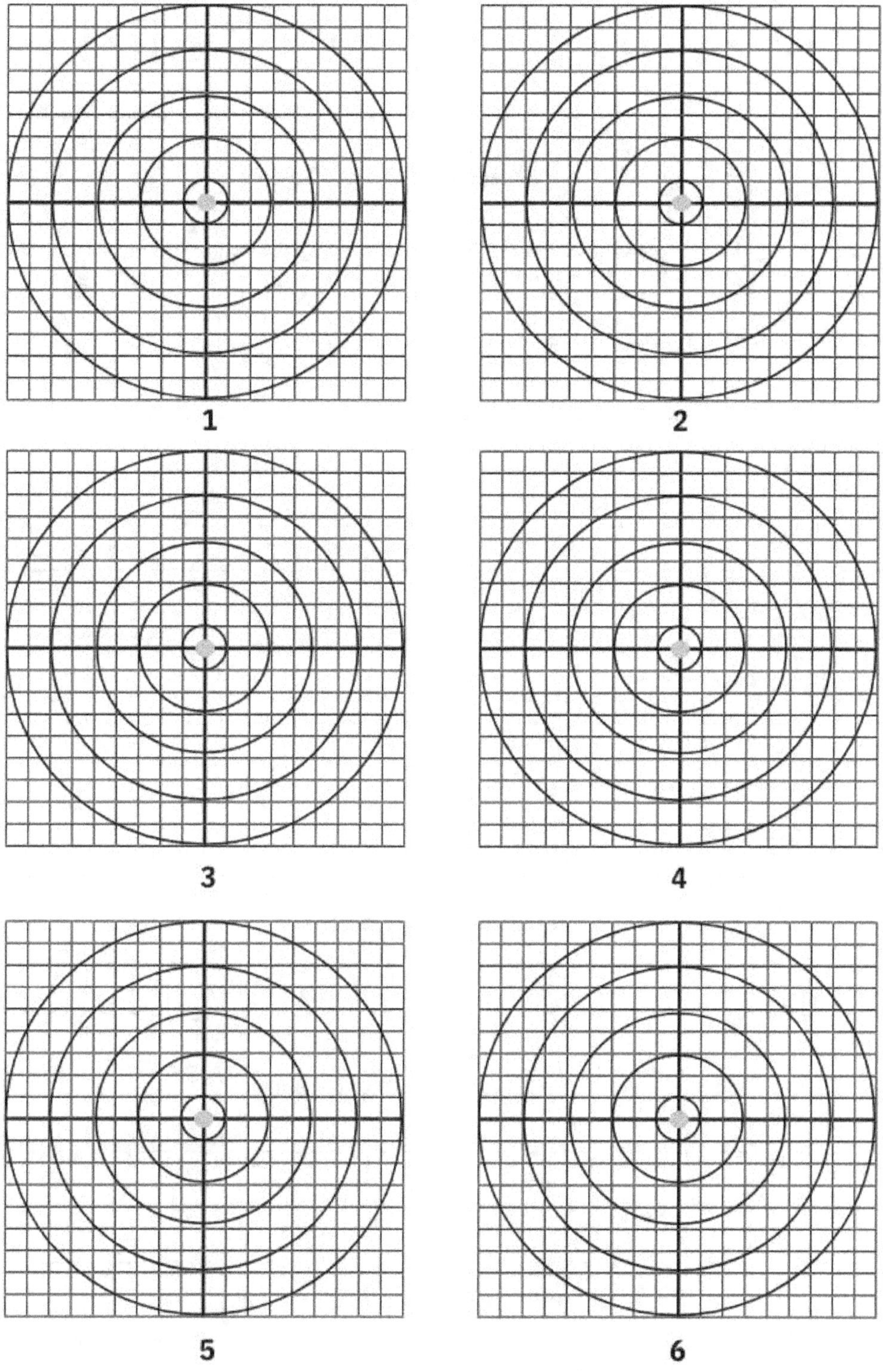

Idealny pomysł na prezent dla początkujących i profesjonalistów

Dziennik danych strzelectwa sportowego

📅 Data: _________________   🕐 Czas: _________

📍 Lokalizacja: _______________________________

Warunki pogodowe

☐   ☐   ☐   ☐   ☐   ☐   _____   _____

Strażak:	
Pocisk:	Głębokość siedzenia:
Proszek:	Ziarna:
Podkład:	
Mosiądz:	
Odległość:	

Wyniki ogólne

☐ zły   ☐ targi   ☐ dobra   ☐ doskonale

Uwagi dodatkowe

____

____

____

☆ ☆ ☆ ☆ ☆

Idealny pomysł na prezent dla początkujących i profesjonalistów

Dziennik danych strzelectwa sportowego

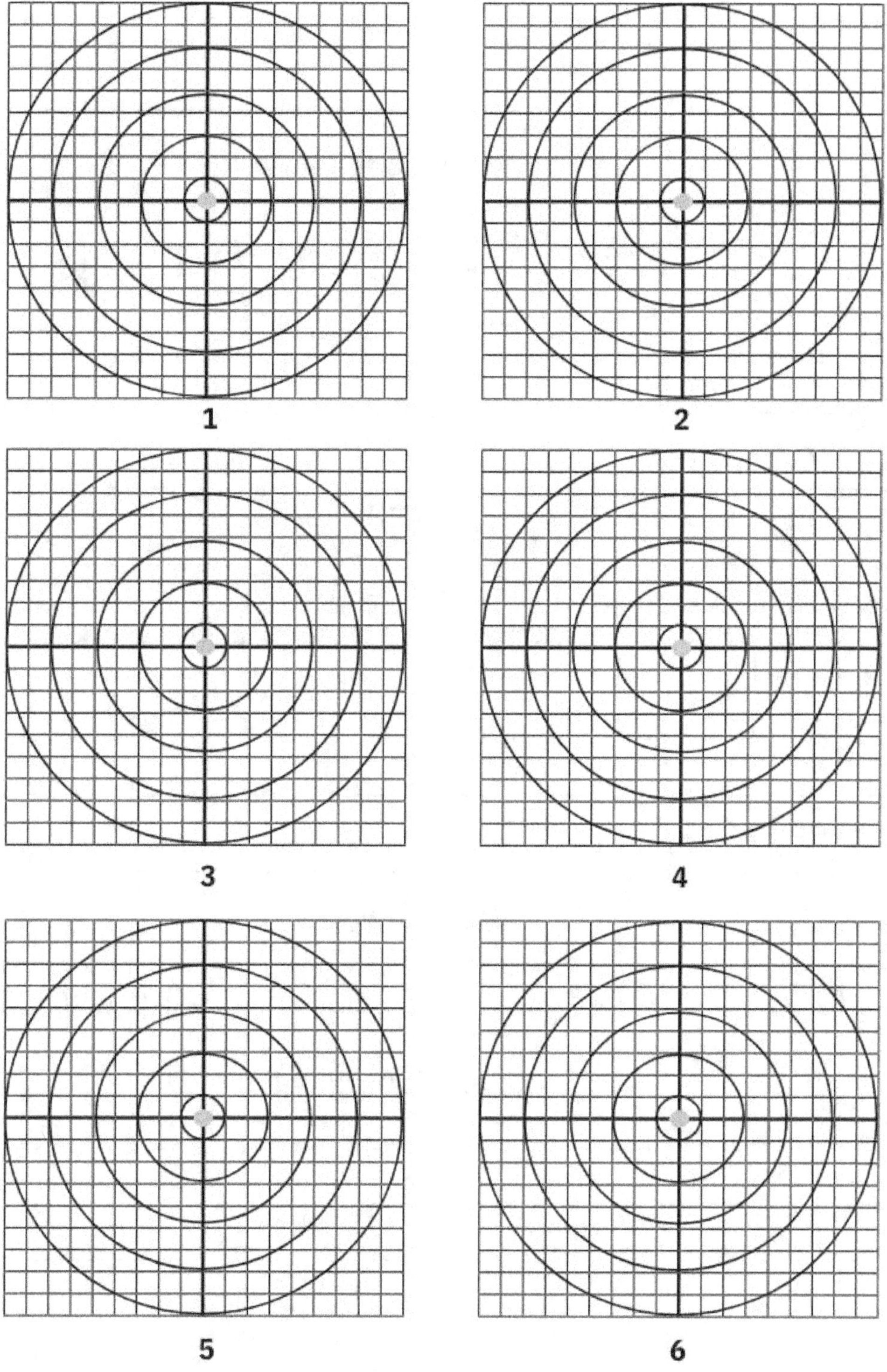

Idealny pomysł na prezent dla początkujących i profesjonalistów

Dziennik danych strzelectwa sportowego

📅 Data: _______________________   🕐 Czas: _____________

📍 Lokalizacja: ____

Warunki pogodowe

☐   ☐   ☐   ☐   ☐   ☐   ________   ________

Strażak:	
Pocisk:	Głębokość siedzenia:
Proszek:	Ziarna:
Podkład:	
Mosiądz:	
Odległość:	

Wyniki ogólne

☐ zły   ☐ targi   ☐ dobra   ☐ doskonale

Uwagi dodatkowe

____

____

____

☆ ☆ ☆ ☆ ☆

Idealny pomysł na prezent dla początkujących i profesjonalistów

Dziennik danych strzelectwa sportowego

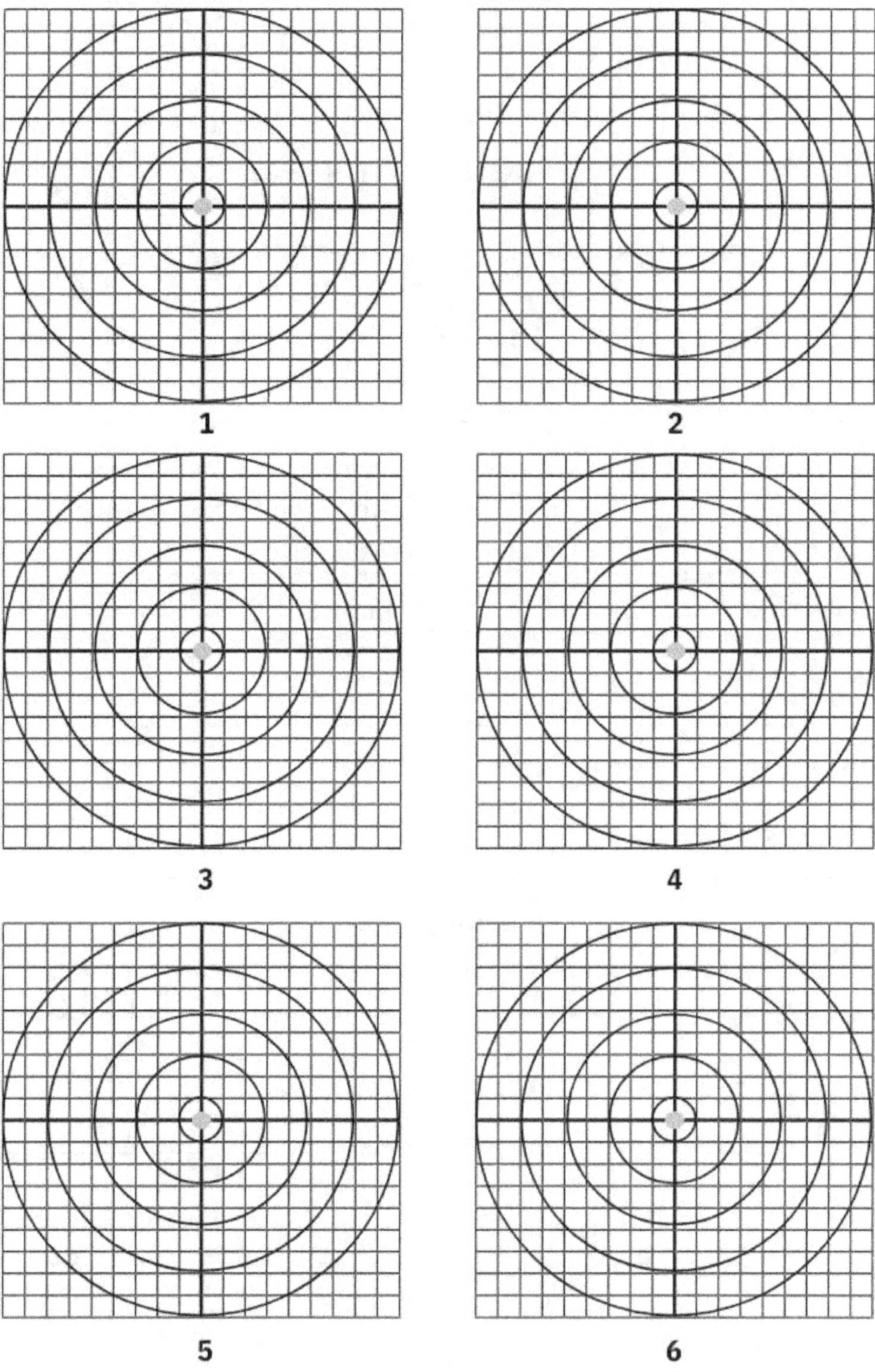

Idealny pomysł na prezent dla początkujących i profesjonalistów

Dziennik danych strzelectwa sportowego

📅 Data: _______________   🕐 Czas: _______________

📍 Lokalizacja: _______________________________

Warunki pogodowe

☀ ☐   ⛅ ☐   🌤 ☐   🌧 ☐   🌧 ☐   🌨 ☐   🚩 _______   🌡 _______

Strażak:	
Pocisk:	Głębokość siedzenia:
Proszek:	Ziarna:
Podkład:	
Mosiądz:	
Odległość:	

Wyniki ogólne

☐ zły   ☐ targi   ☐ dobra   ☐ doskonale

Uwagi dodatkowe

____

____

____

☆ ☆ ☆ ☆ ☆

Idealny pomysł na prezent dla początkujących i profesjonalistów

Dziennik danych strzelectwa sportowego

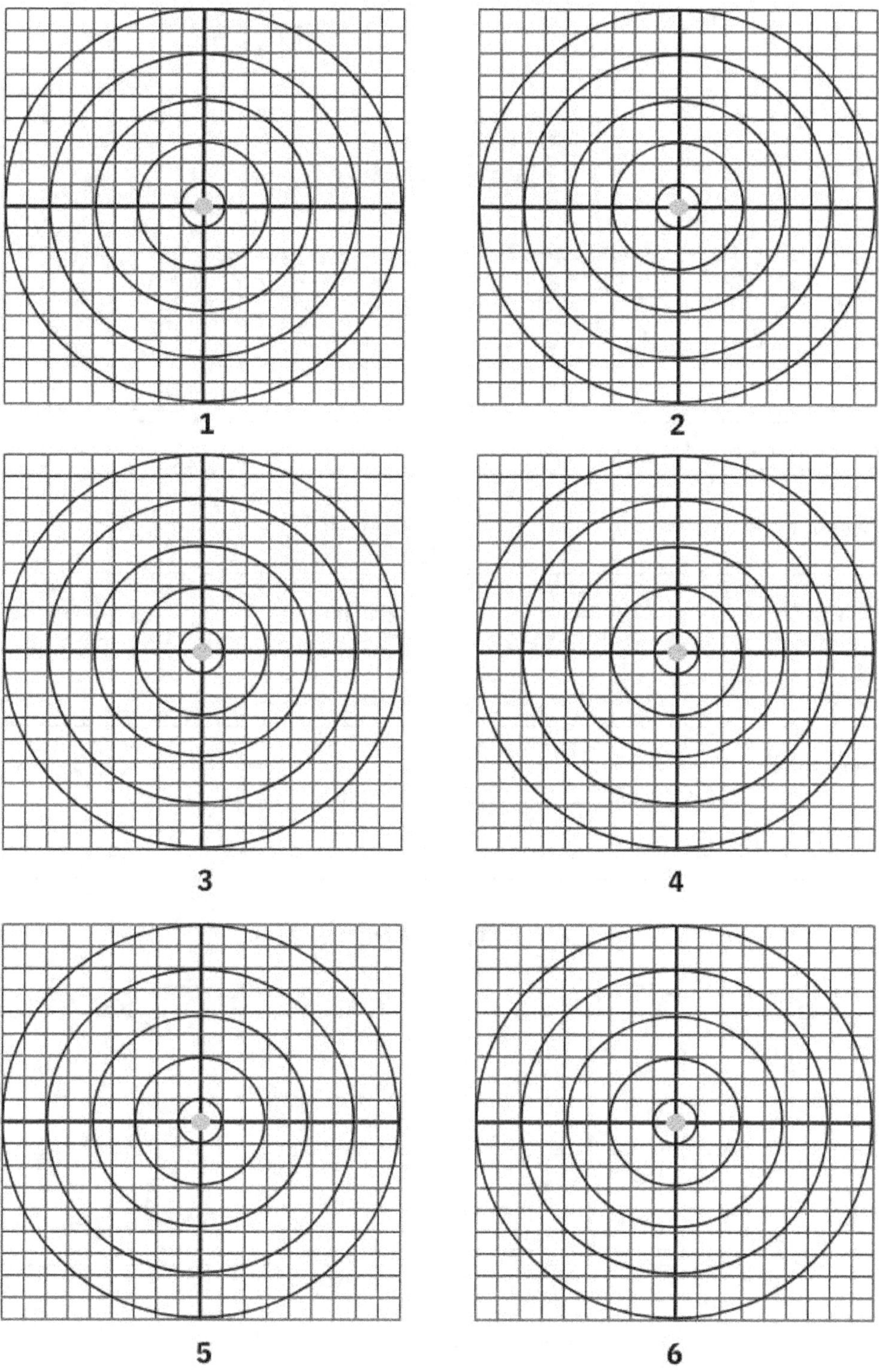

Idealny pomysł na prezent dla początkujących i profesjonalistów

Dziennik danych strzelectwa sportowego

📅 Data: _______________ 🕐 Czas: _______

📍 Lokalizacja: _______________________

Warunki pogodowe

☐ ☐ ☐ ☐ ☐ ☐ _______ | _______

Strażak:	
Pocisk:	Głębokość siedzenia:
Proszek:	Ziarna:
Podkład:	
Mosiądz:	
Odległość:	

Wyniki ogólne

☐ zły　　☐ targi　　☐ dobra　　☐ doskonale

Uwagi dodatkowe

____

____

____

☆ ☆ ☆ ☆ ☆

Idealny pomysł na prezent dla początkujących i profesjonalistów

Dziennik danych strzelectwa sportowego

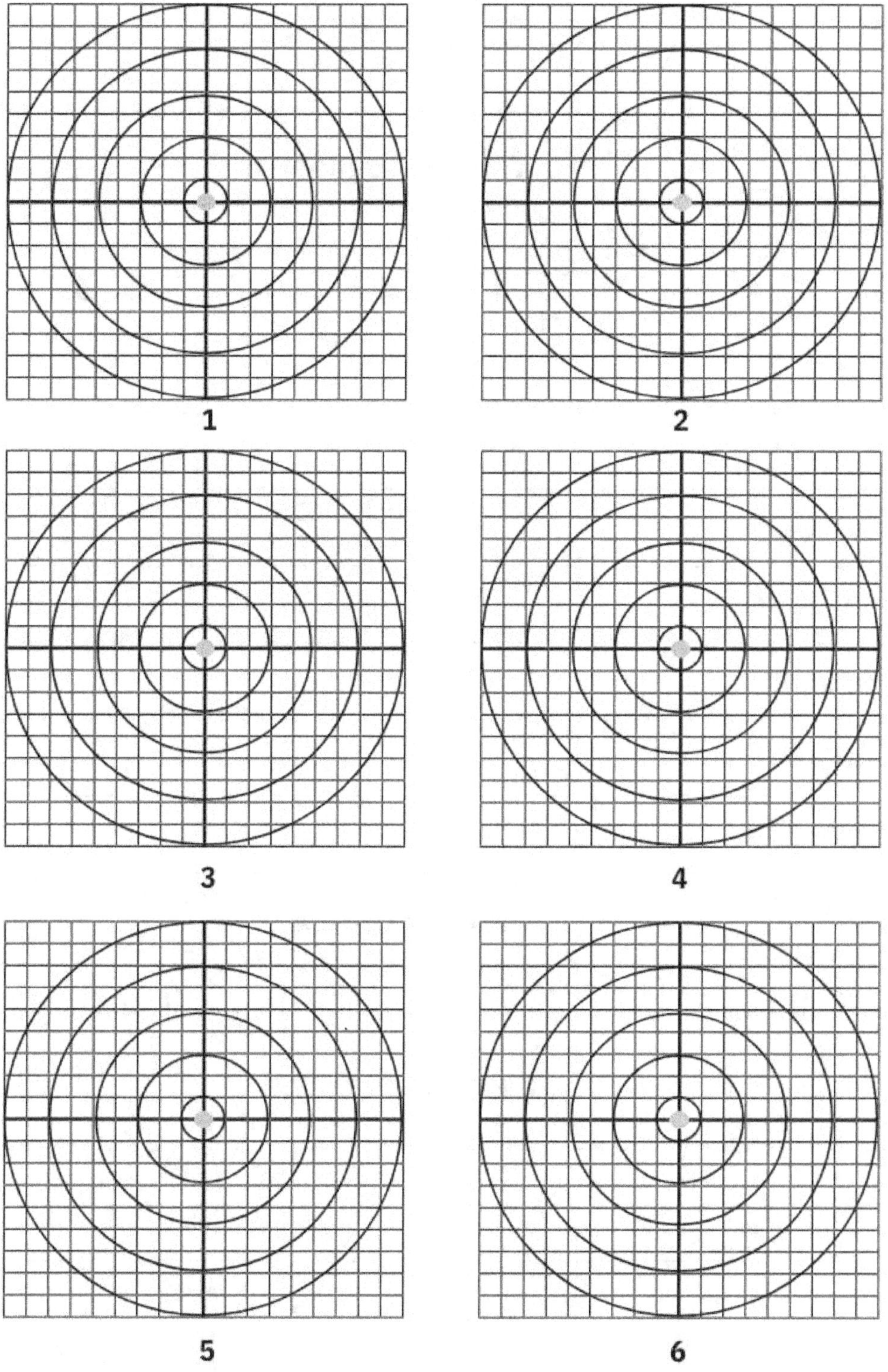

Idealny pomysł na prezent dla początkujących i profesjonalistów

Dziennik danych strzelectwa sportowego

📅 Data: _________________________   🕐 Czas: _____________

📍 Lokalizacja: _______________________________________

Warunki pogodowe

☐   ☐   ☐   ☐   ☐   ☐   _______   _______

Strażak:	
Pocisk:	Głębokość siedzenia:
Proszek:	Ziarna:
Podkład:	
Mosiądz:	
Odległość:	

Wyniki ogólne

☐ zły   ☐ targi   ☐ dobra   ☐ doskonale

Uwagi dodatkowe

____

____

____

☆ ☆ ☆ ☆ ☆

Idealny pomysł na prezent dla początkujących i profesjonalistów

Dziennik danych strzelectwa sportowego

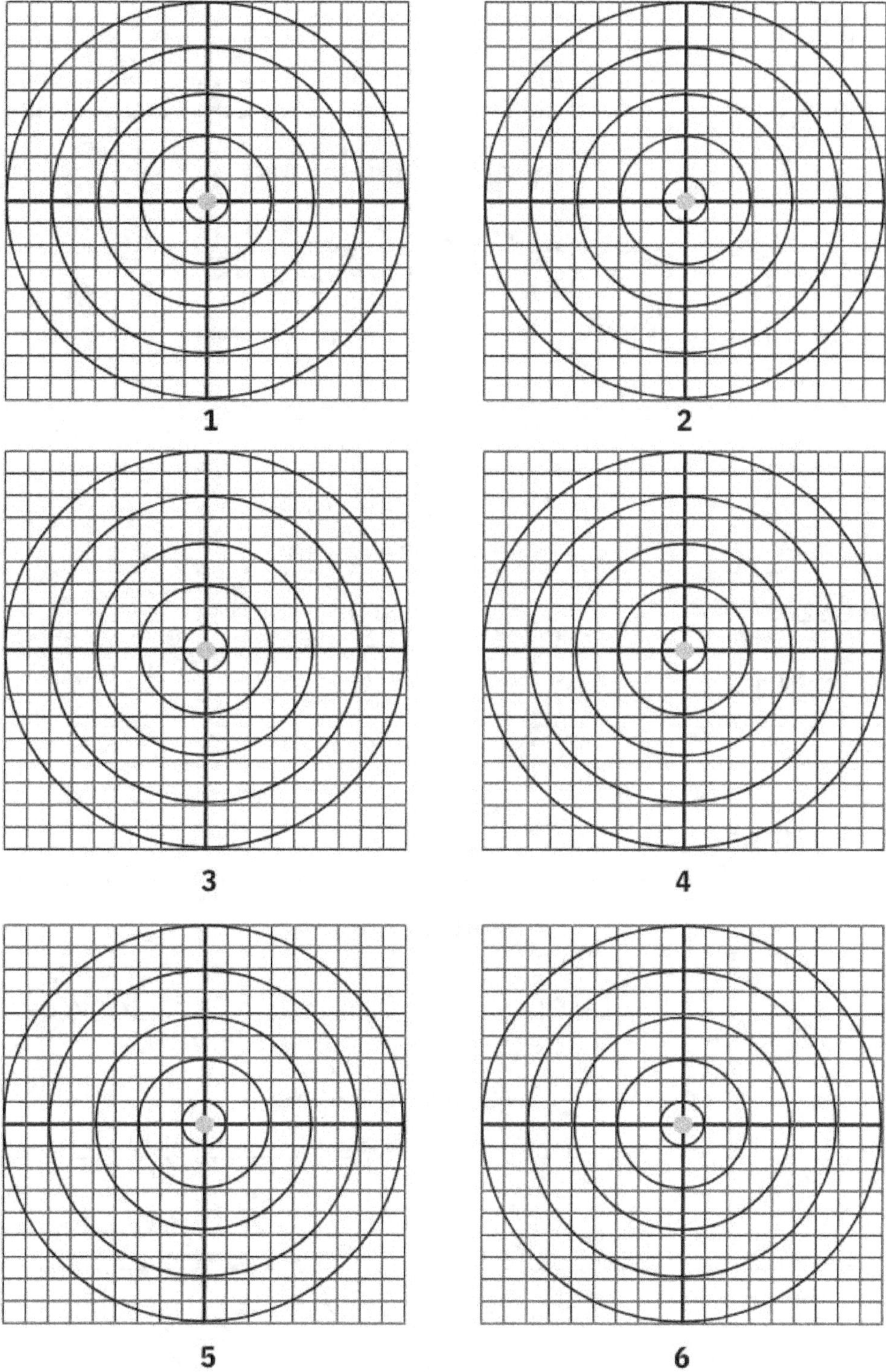

Idealny pomysł na prezent dla początkujących i profesjonalistów

Dziennik danych strzelectwa sportowego

📅 Data: _______________   🕐 Czas: _______________

📍 Lokalizacja: _______________

Warunki pogodowe

☐   ☐   ☐   ☐   ☐   ☐   _______   _______

Strażak:	
Pocisk:	Głębokość siedzenia:
Proszek:	Ziarna:
Podkład:	
Mosiądz:	
Odległość:	

Wyniki ogólne

☐ zły   ☐ targi   ☐ dobra   ☐ doskonale

Uwagi dodatkowe

____

____

____

☆ ☆ ☆ ☆ ☆

Idealny pomysł na prezent dla początkujących i profesjonalistów

Dziennik danych strzelectwa sportowego

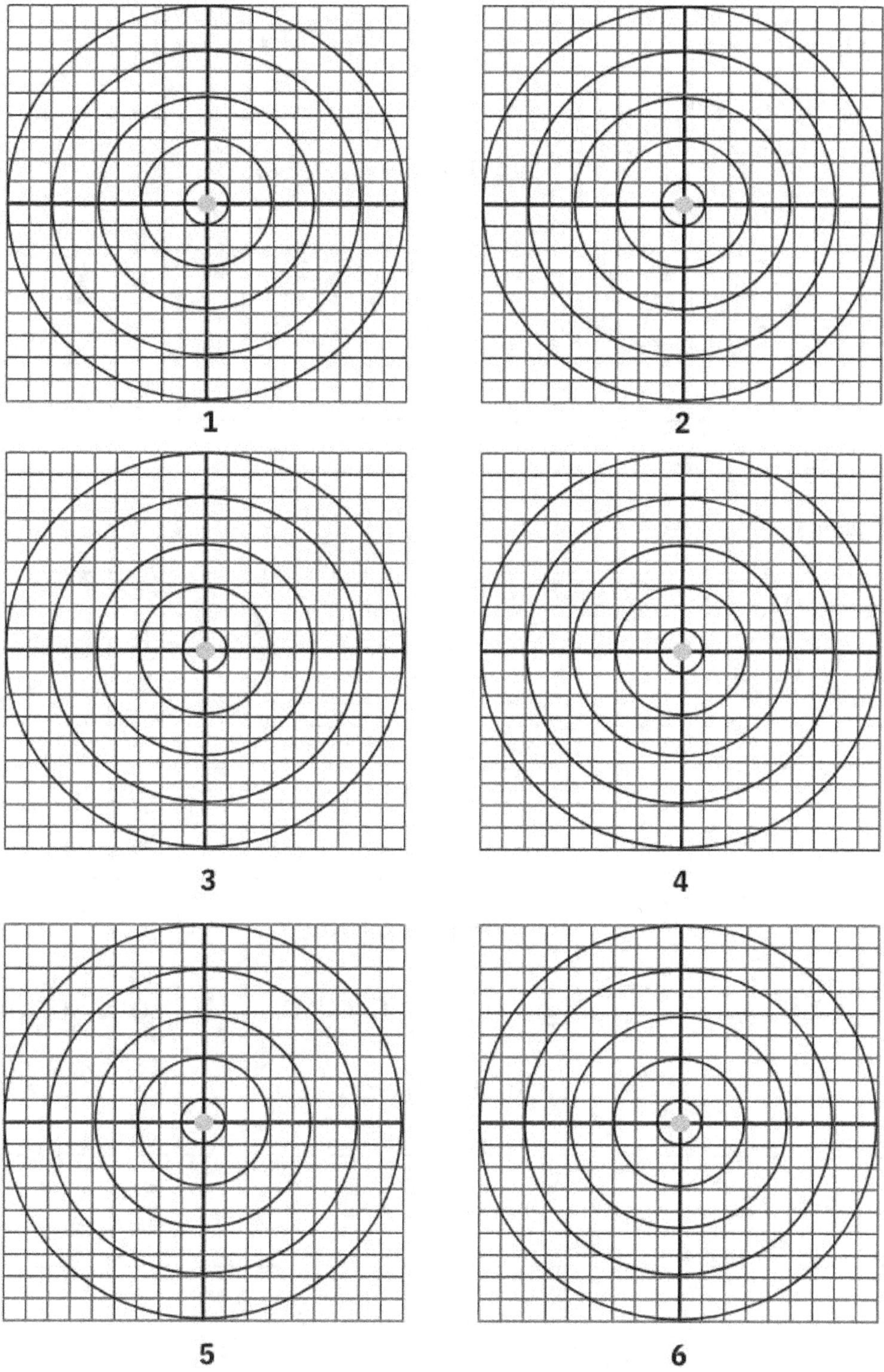

Idealny pomysł na prezent dla początkujących i profesjonalistów

Dziennik danych strzelectwa sportowego

📅 Data: _______________________   🕐 Czas: _______________

📍 Lokalizacja: ____

Warunki pogodowe

☐   ☐   ☐   ☐   ☐   ☐   ___________   ___________

Strażak:	
Pocisk:	Głębokość siedzenia:
Proszek:	Ziarna:
Podkład:	
Mosiądz:	
Odległość:	

Wyniki ogólne

☐ zły   ☐ targi   ☐ dobra   ☐ doskonale

Uwagi dodatkowe

____

____

____

☆ ☆ ☆ ☆ ☆

Idealny pomysł na prezent dla początkujących i profesjonalistów

Dziennik danych strzelectwa sportowego

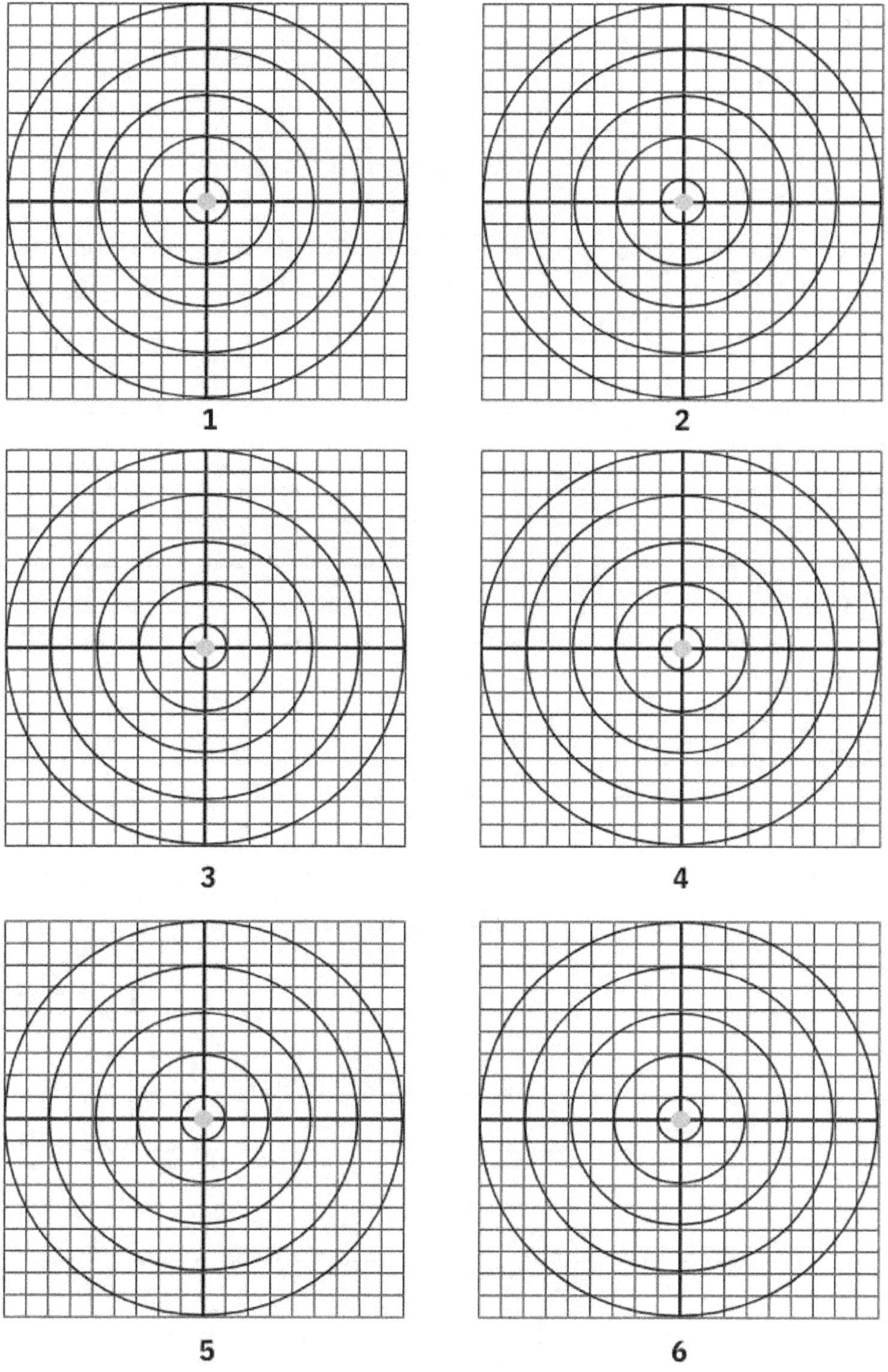

Idealny pomysł na prezent dla początkujących i profesjonalistów

Dziennik danych strzelectwa sportowego

📅 Data: __________________ 🕐 Czas: __________

📍 Lokalizacja: ______________________________

Warunki pogodowe

☐ ☐ ☐ ☐ ☐ ☐ ▷ ___ 🌡 ___

Strażak:	
Pocisk:	Głębokość siedzenia:
Proszek:	Ziarna:
Podkład:	
Mosiądz:	
Odległość:	

Wyniki ogólne

☐ zły ☐ targi ☐ dobra ☐ doskonale

Uwagi dodatkowe

____

____

____

☆ ☆ ☆ ☆ ☆

Idealny pomysł na prezent dla początkujących i profesjonalistów

Dziennik danych strzelectwa sportowego

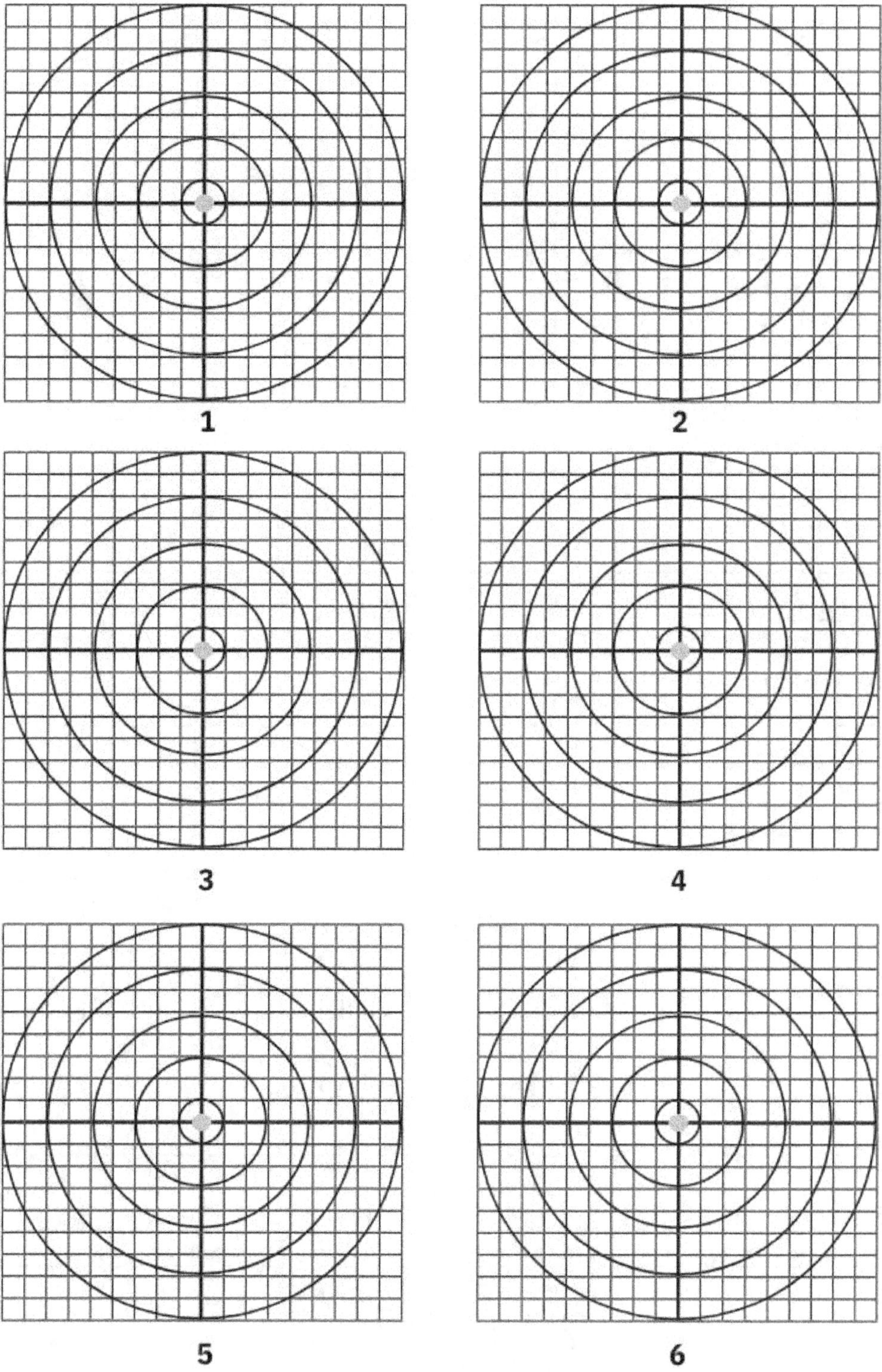

Idealny pomysł na prezent dla początkujących i profesjonalistów

Dziennik danych strzelectwa sportowego

📅 Data: _________________________   🕐 Czas: _____________

📍 Lokalizacja: _______________________________________

Warunki pogodowe

☐   ☐   ☐   ☐   ☐   ☐   ________   ________

Strażak:	
Pocisk:	Głębokość siedzenia:
Proszek:	Ziarna:
Podkład:	
Mosiądz:	
Odległość:	

Wyniki ogólne

☐ zły   ☐ targi   ☐ dobra   ☐ doskonale

Uwagi dodatkowe

____

____

____

☆ ☆ ☆ ☆ ☆

Idealny pomysł na prezent dla początkujących i profesjonalistów

Dziennik danych strzelectwa sportowego

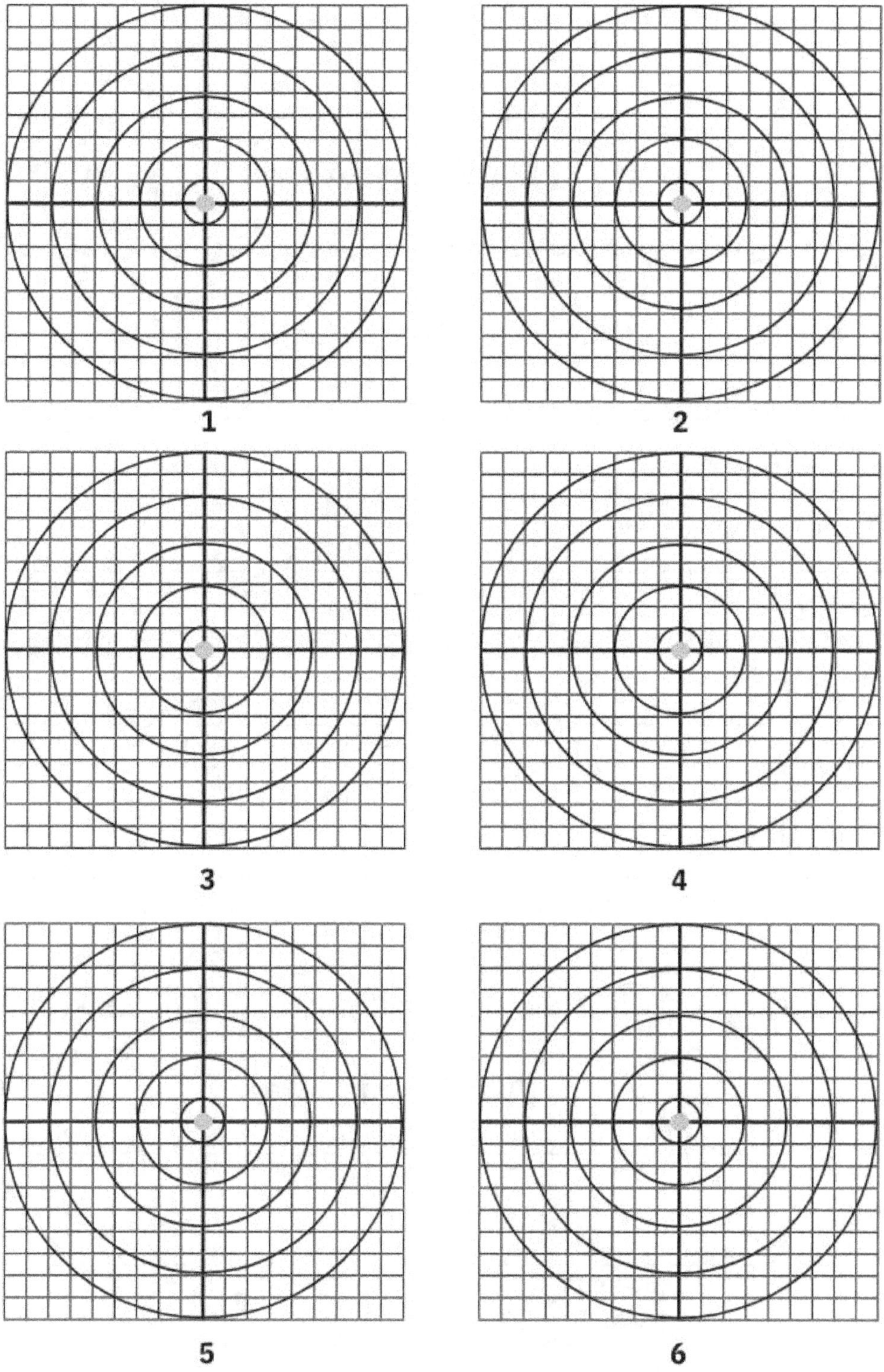

Idealny pomysł na prezent dla początkujących i profesjonalistów

Dziennik danych strzelectwa sportowego

📅 Data: _________________________   🕐 Czas: _________

📍 Lokalizacja: _______________________________________

Warunki pogodowe

☀ ☐   ⛅ ☐   🌥 ☐   🌧 ☐   🌦 ☐   🌨 ☐   🚩 _______   🌡 _______

Strażak:	
Pocisk:	Głębokość siedzenia:
Proszek:	Ziarna:
Podkład:	
Mosiądz:	
Odległość:	

Wyniki ogólne

☐ zły   ☐ targi   ☐ dobra   ☐ doskonale

Uwagi dodatkowe

____

____

____

☆ ☆ ☆ ☆ ☆

Idealny pomysł na prezent dla początkujących i profesjonalistów

Dziennik danych strzelectwa sportowego

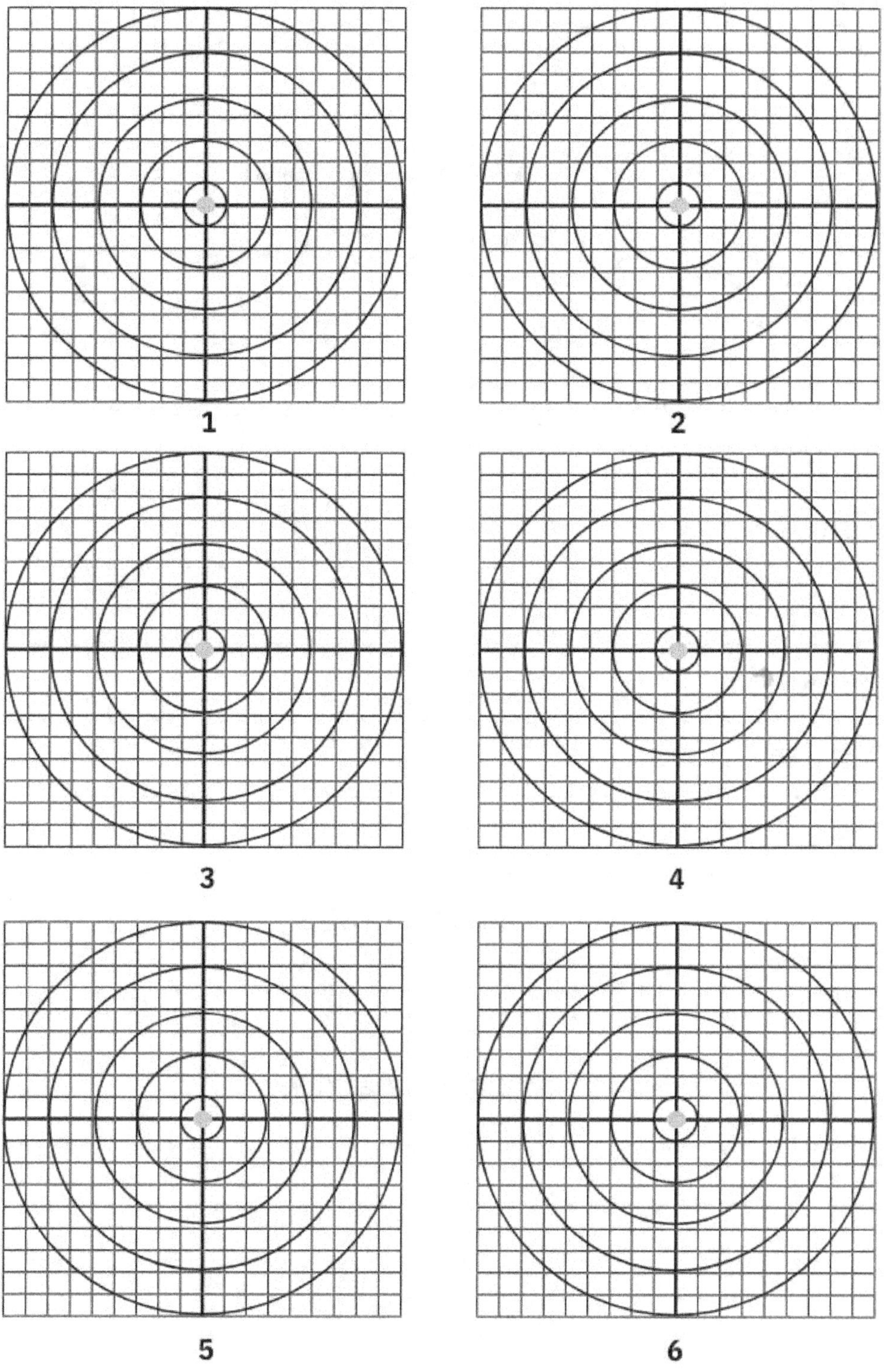

Idealny pomysł na prezent dla początkujących i profesjonalistów

Dziennik danych strzelectwa sportowego

📅 Data: _______________________ 🕐 Czas: _______________

📍 Lokalizacja: _______________________________________

Warunki pogodowe

☐   ☐   ☐   ☐   ☐   ☐   ⚐ _______   🌡 _______

Strażak:	
Pocisk:	Głębokość siedzenia:
Proszek:	Ziarna:
Podkład:	
Mosiądz:	
Odległość:	

Wyniki ogólne

☐ zły   ☐ targi   ☐ dobra   ☐ doskonale

Uwagi dodatkowe

____

____

____

☆ ☆ ☆ ☆ ☆

Idealny pomysł na prezent dla początkujących i profesjonalistów

Dziennik danych strzelectwa sportowego

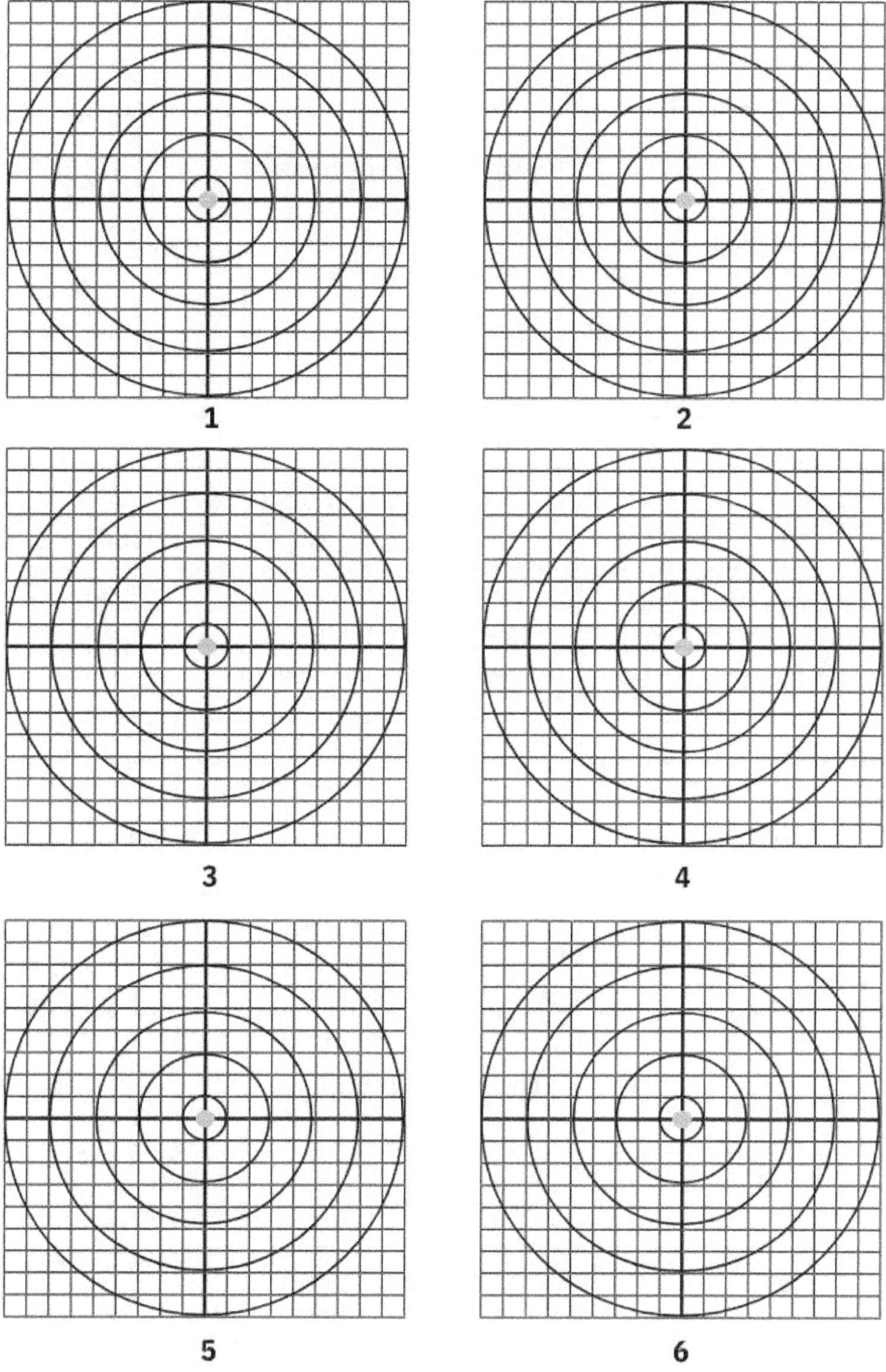

Idealny pomysł na prezent dla początkujących i profesjonalistów

Dziennik danych strzelectwa sportowego

📅 Data: _________________   🕐 Czas: _________

📍 Lokalizacja: _______________________________

Warunki pogodowe

☀ ☁ 🌤 ☁ 🌧 🌨 🚩 🌡
☐   ☐   ☐   ☐   ☐   ☐   ____   ____

Strażak:	
Pocisk:	Głębokość siedzenia:
Proszek:	Ziarna:
Podkład:	
Mosiądz:	
Odległość:	

Wyniki ogólne

☐ zły   ☐ targi   ☐ dobra   ☐ doskonale

Uwagi dodatkowe

____

____

____

☆ ☆ ☆ ☆ ☆

Idealny pomysł na prezent dla początkujących i profesjonalistów

Dziennik danych strzelectwa sportowego

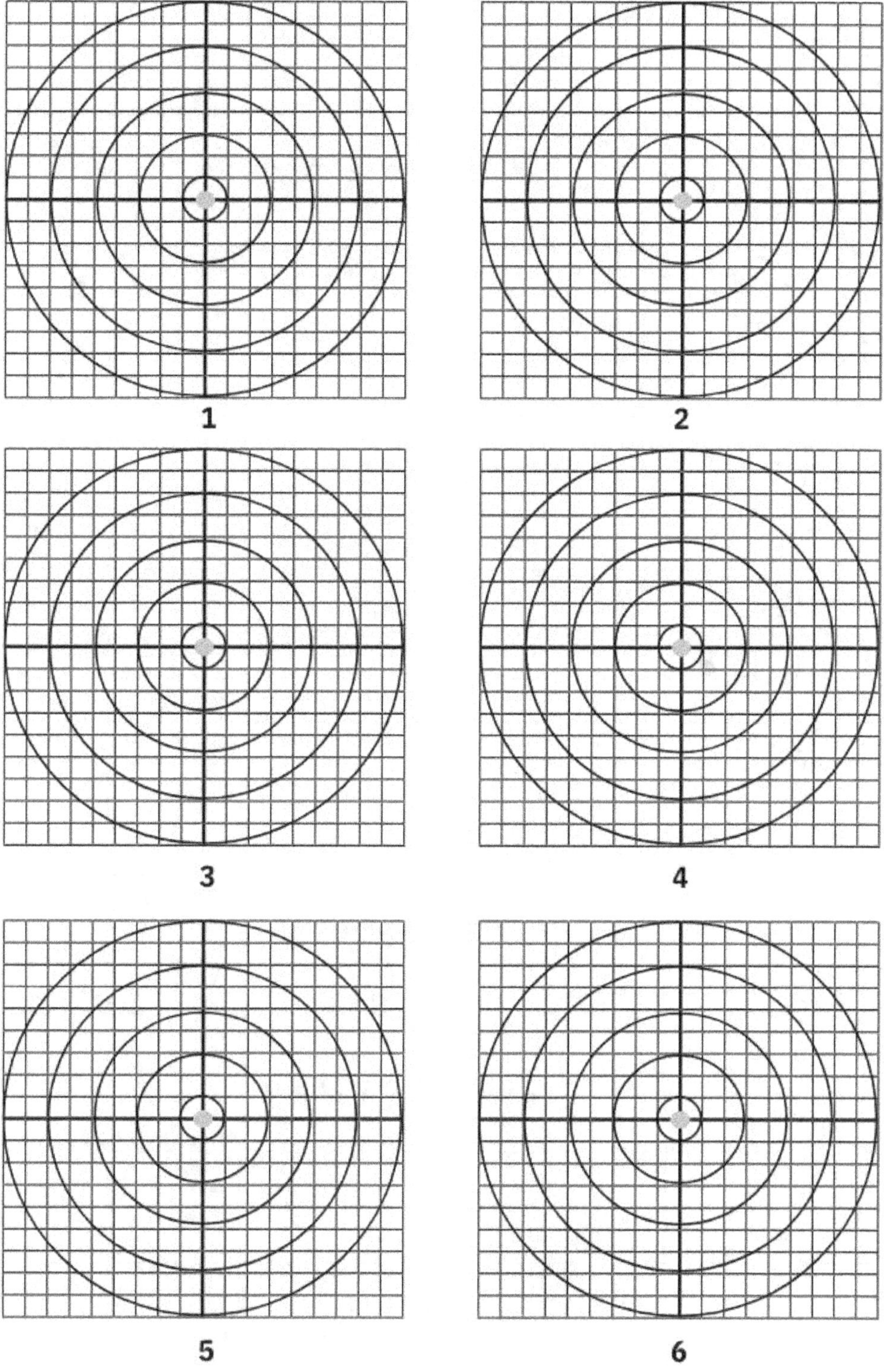

Idealny pomysł na prezent dla początkujących i profesjonalistów

Dziennik danych strzelectwa sportowego

📅 Data: _______________________   🕐 Czas: _______________

📍 Lokalizacja: ____

Warunki pogodowe

☐   ☐   ☐   ☐   ☐   ☐

Strażak:	
Pocisk:	Głębokość siedzenia:
Proszek:	Ziarna:
Podkład:	
Mosiądz:	
Odległość:	

Wyniki ogólne

☐ zły   ☐ targi   ☐ dobra   ☐ doskonale

Uwagi dodatkowe

____

____

____

☆ ☆ ☆ ☆ ☆

Idealny pomysł na prezent dla początkujących i profesjonalistów

Dziennik danych strzelectwa sportowego

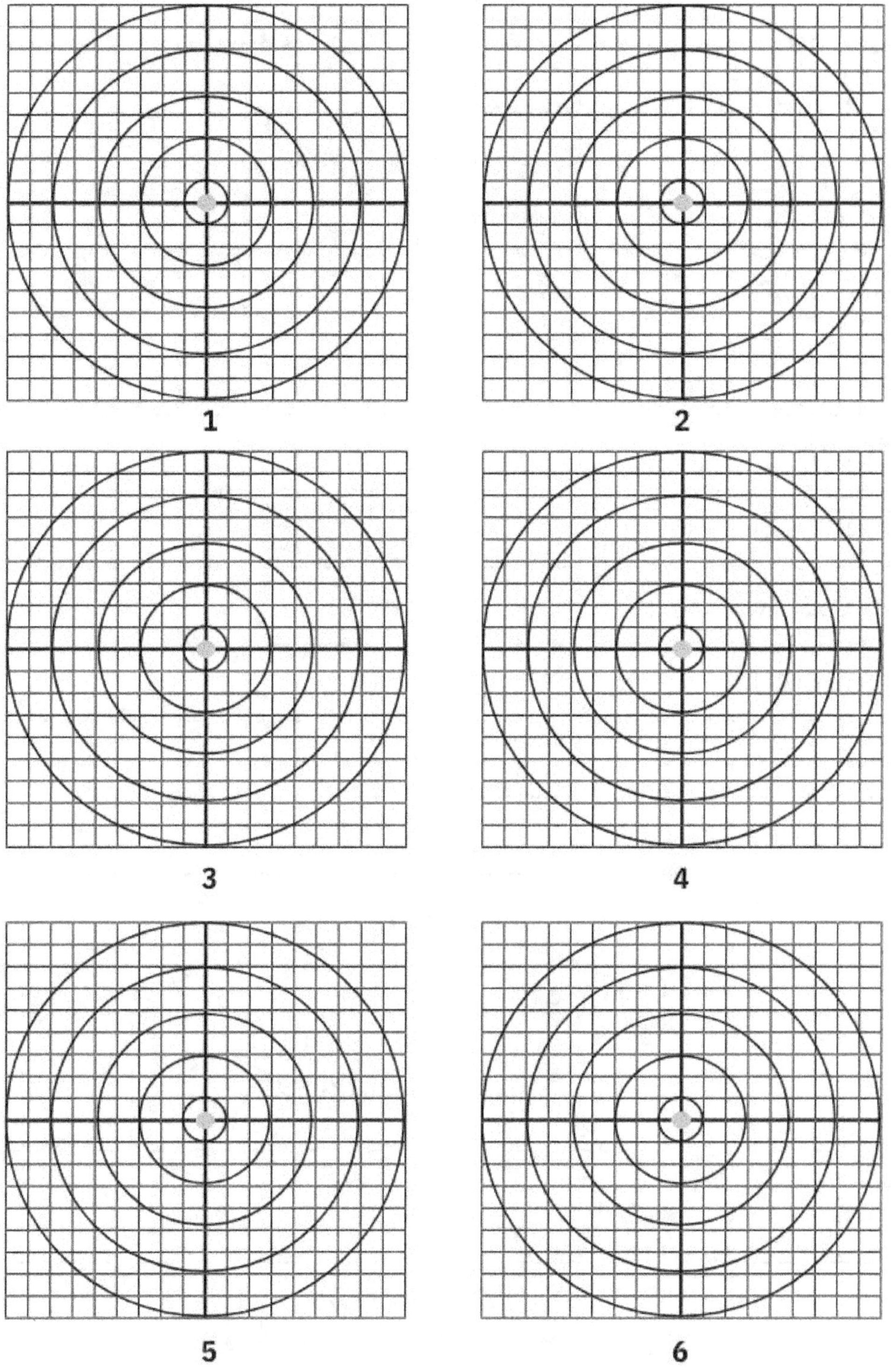

Idealny pomysł na prezent dla początkujących i profesjonalistów

Dziennik danych strzelectwa sportowego

📅 Data: __________________   🕐 Czas: __________

📍 Lokalizacja: ____________________________________

Warunki pogodowe

☐   ☐   ☐   ☐   ☐   ☐   ▷ ______   🌡 ______

Strażak:	
Pocisk:	Głębokość siedzenia:
Proszek:	Ziarna:
Podkład:	
Mosiądz:	
Odległość:	

Wyniki ogólne

☐ zły   ☐ targi   ☐ dobra   ☐ doskonale

Uwagi dodatkowe

____

____

____

☆ ☆ ☆ ☆ ☆

Idealny pomysł na prezent dla początkujących i profesjonalistów

Dziennik danych strzelectwa sportowego

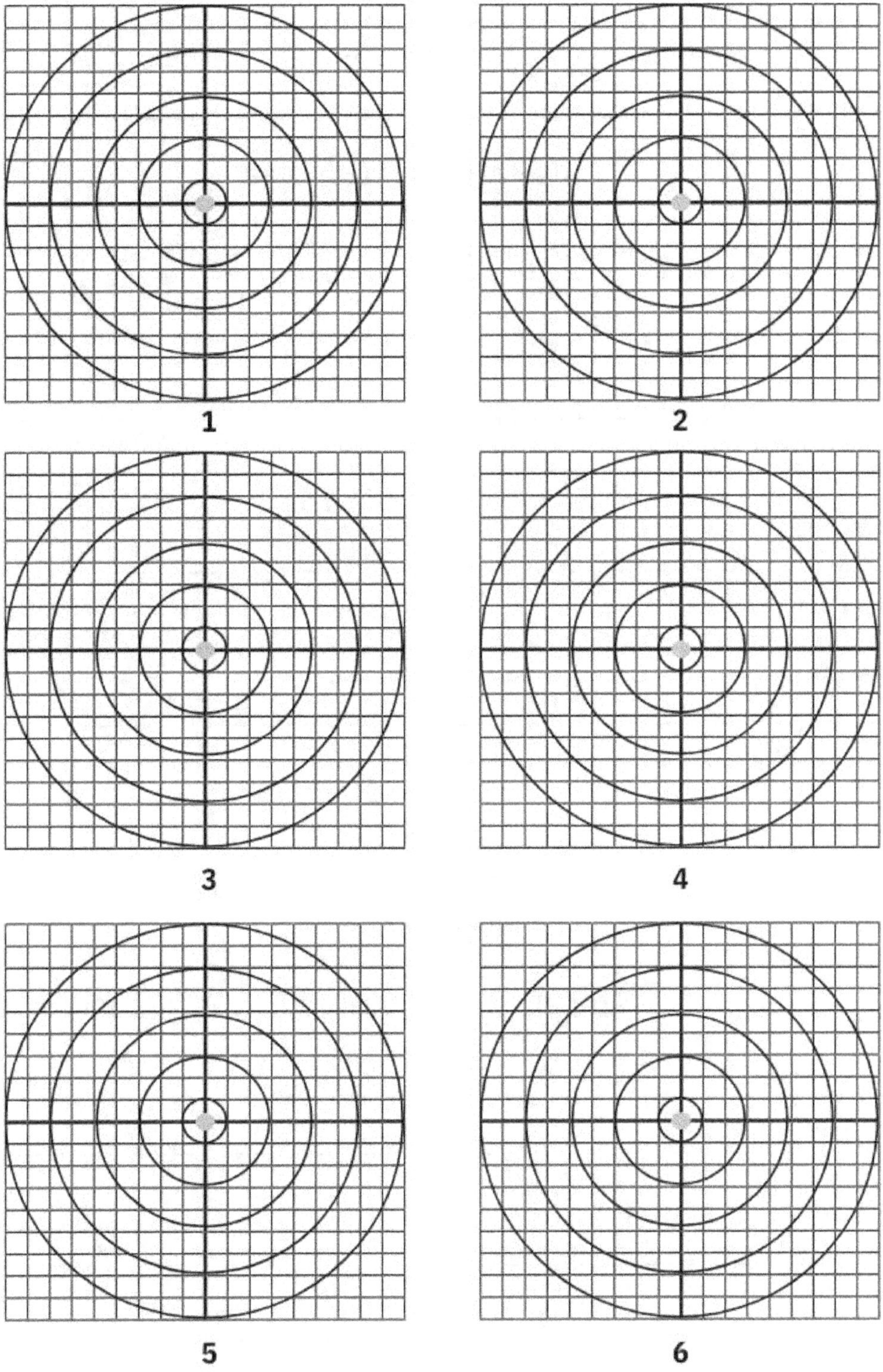

Idealny pomysł na prezent dla początkujących i profesjonalistów

Dziennik danych strzelectwa sportowego

📅 Data: _______________________ 🕐 Czas: __________

📍 Lokalizacja: _________________________________

Warunki pogodowe

☐   ☐   ☐   ☐   ☐   ☐   _______   _______

Strażak:	
Pocisk:	Głębokość siedzenia:
Proszek:	Ziarna:
Podkład:	
Mosiądz:	
Odległość:	

Wyniki ogólne

☐ zły   ☐ targi   ☐ dobra   ☐ doskonale

Uwagi dodatkowe

____

____

____

☆ ☆ ☆ ☆ ☆

Idealny pomysł na prezent dla początkujących i profesjonalistów

Dziennik danych strzelectwa sportowego

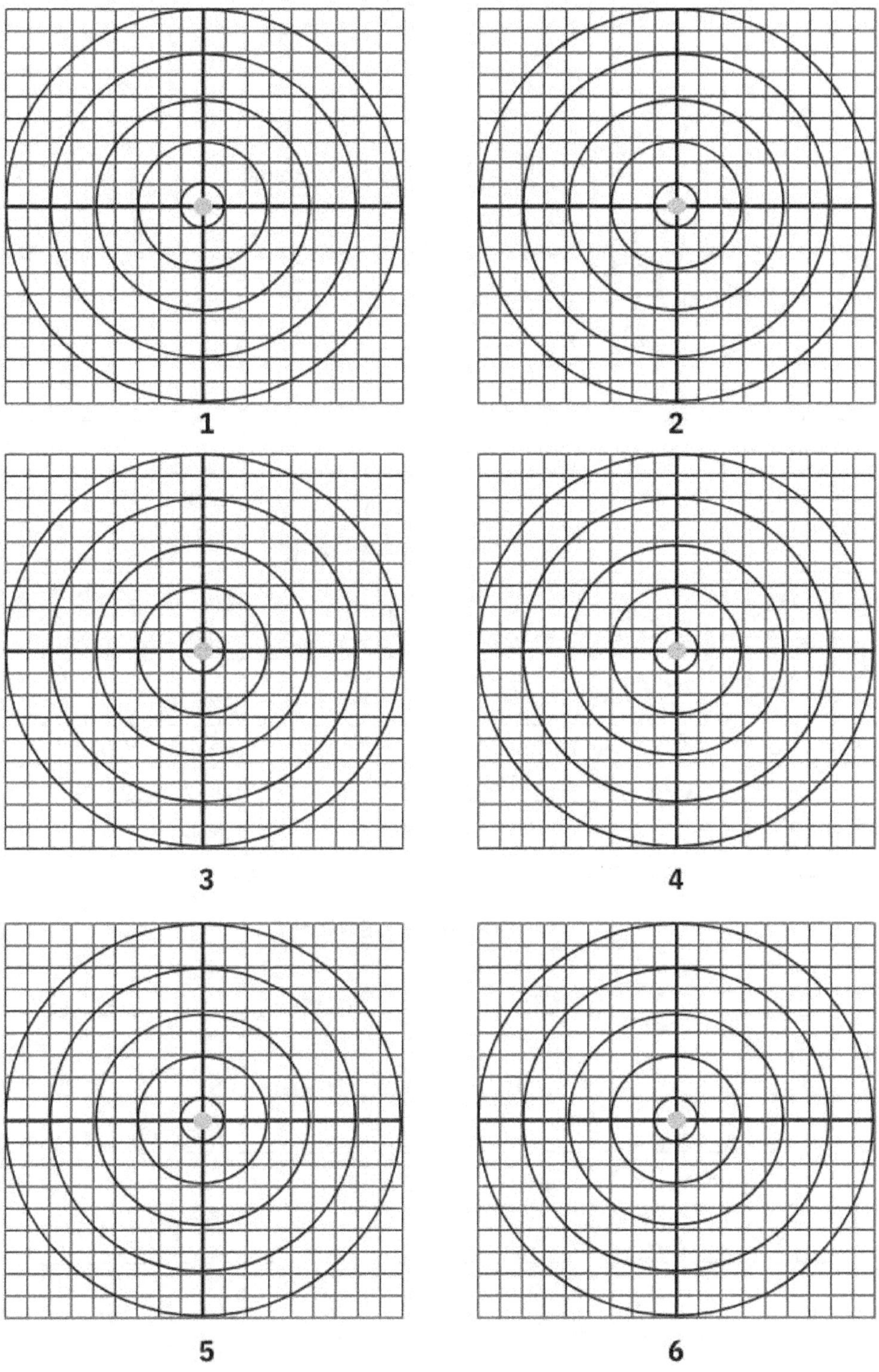

Idealny pomysł na prezent dla początkujących i profesjonalistów

Dziennik danych strzelectwa sportowego

📅 Data: _________________   🕐 Czas: __________

📍 Lokalizacja: _______________________________

Warunki pogodowe

☐　　☐　　☐　　☐　　☐　　☐　　________　　________

Strażak:	
Pocisk:	Głębokość siedzenia:
Proszek:	Ziarna:
Podkład:	
Mosiądz:	
Odległość:	

Wyniki ogólne

☐ zły　　　☐ targi　　　☐ dobra　　　☐ doskonale

Uwagi dodatkowe

____

____

☆ ☆ ☆ ☆ ☆

Idealny pomysł na prezent dla początkujących i profesjonalistów

Dziennik danych strzelectwa sportowego

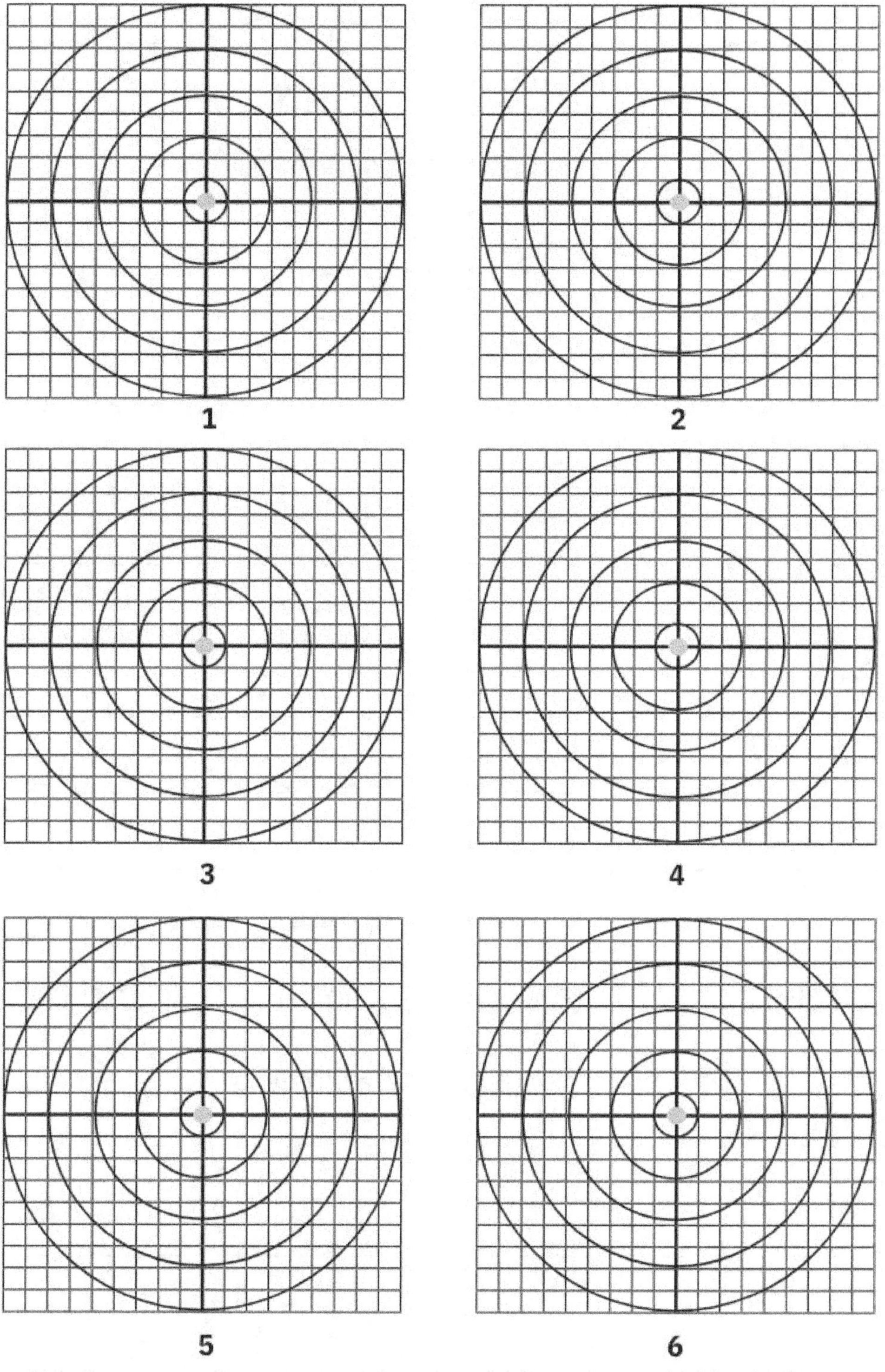

Idealny pomysł na prezent dla początkujących i profesjonalistów

Dziennik danych strzelectwa sportowego

📅 Data: _____________________   🕐 Czas: _____________

📍 Lokalizacja: ____

Warunki pogodowe

☐　　☐　　☐　　☐　　☐　　☐

Strażak:	
Pocisk:	Głębokość siedzenia:
Proszek:	Ziarna:
Podkład:	
Mosiądz:	
Odległość:	

Wyniki ogólne

☐ zły　　　☐ targi　　　☐ dobra　　　☐ doskonale

Uwagi dodatkowe

____

____

____

☆ ☆ ☆ ☆ ☆

Idealny pomysł na prezent dla początkujących i profesjonalistów

Dziennik danych strzelectwa sportowego

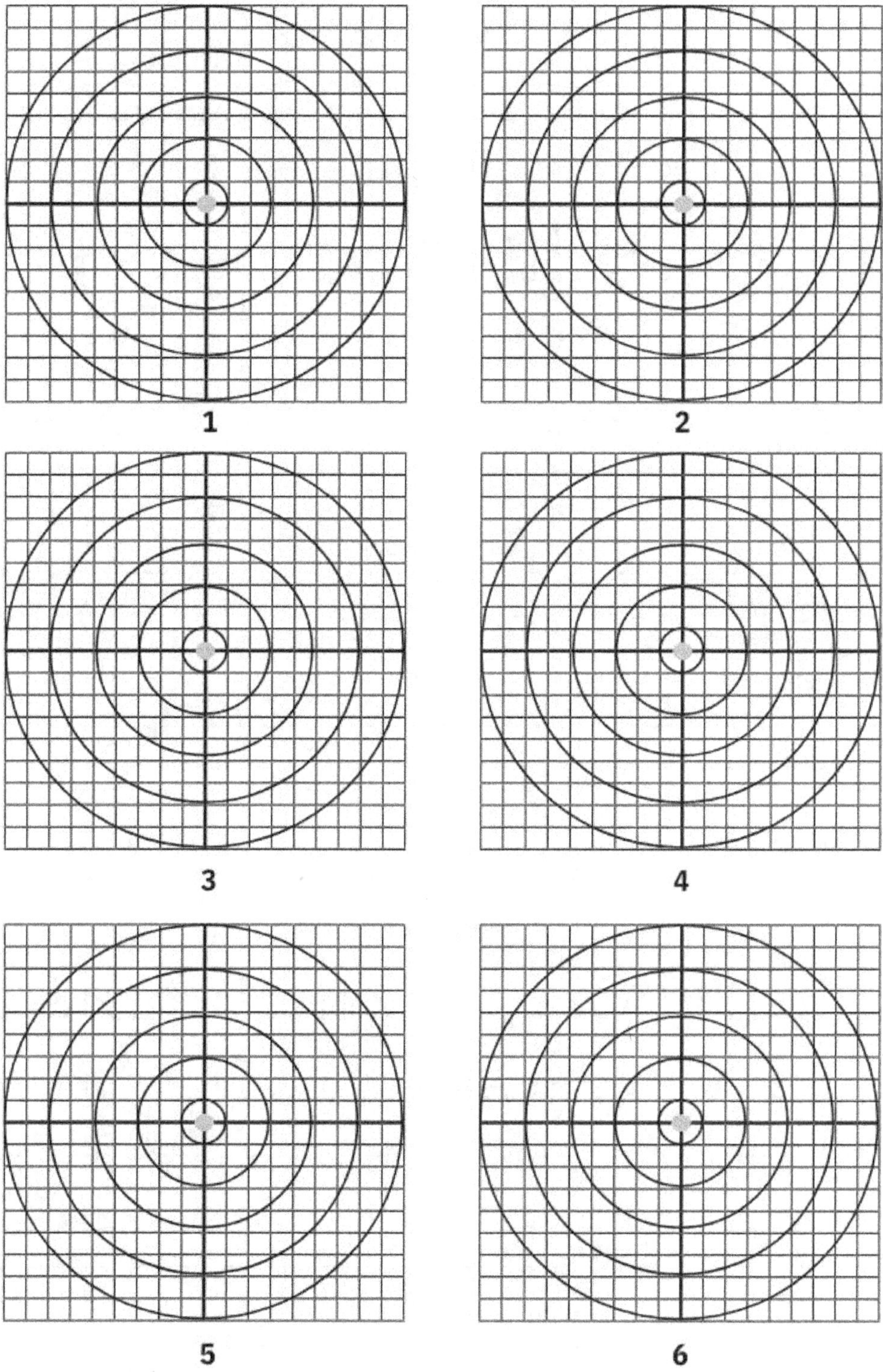

Idealny pomysł na prezent dla początkujących i profesjonalistów

Dziennik danych strzelectwa sportowego

📅 **Data:** _______________   🕐 **Czas:** _______________

📍 **Lokalizacja:** _______________________________________

Warunki pogodowe

☀ ☐   ⛅ ☐   🌥 ☐   🌦 ☐   🌧 ☐   🌨 ☐   🚩 _______   🌡 _______

Strażak:	
Pocisk:	Głębokość siedzenia:
Proszek:	Ziarna:
Podkład:	
Mosiądz:	
Odległość:	

Wyniki ogólne

☐ zły   ☐ targi   ☐ dobra   ☐ doskonale

Uwagi dodatkowe

____

____

____

☆ ☆ ☆ ☆ ☆

Idealny pomysł na prezent dla początkujących i profesjonalistów

Dziennik danych strzelectwa sportowego

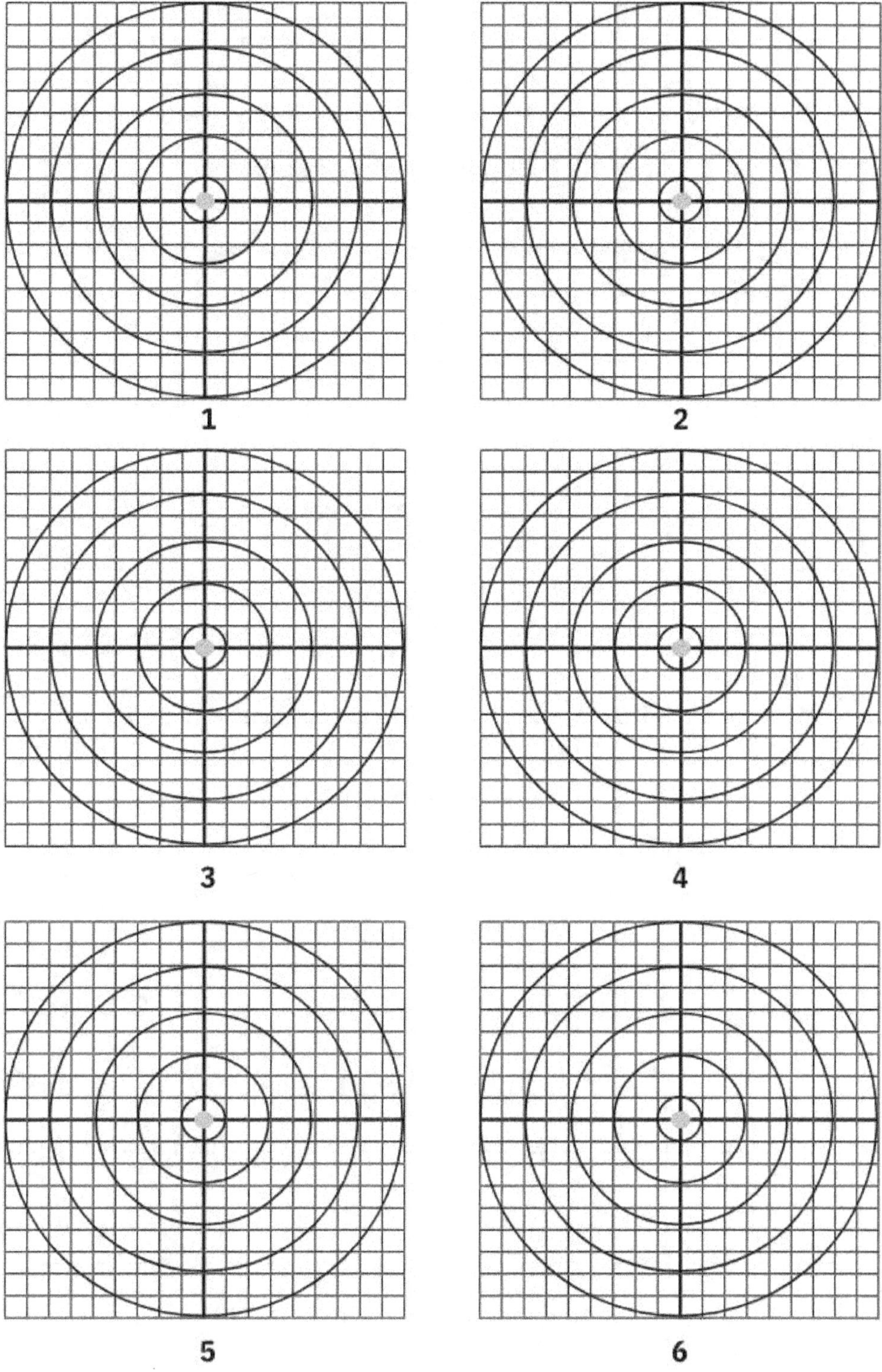

Idealny pomysł na prezent dla początkujących i profesjonalistów

Dziennik danych strzelectwa sportowego

📅 Data: _______________ 🕐 Czas: _______

📍 Lokalizacja: _________________________

Warunki pogodowe

☐   ☐   ☐   ☐   ☐   ☐   _______   _______

Strażak:	
Pocisk:	Głębokość siedzenia:
Proszek:	Ziarna:
Podkład:	
Mosiądz:	
Odległość:	

Wyniki ogólne

☐ zły   ☐ targi   ☐ dobra   ☐ doskonale

Uwagi dodatkowe

____

____

____

☆ ☆ ☆ ☆ ☆

Idealny pomysł na prezent dla początkujących i profesjonalistów

Dziennik danych strzelectwa sportowego

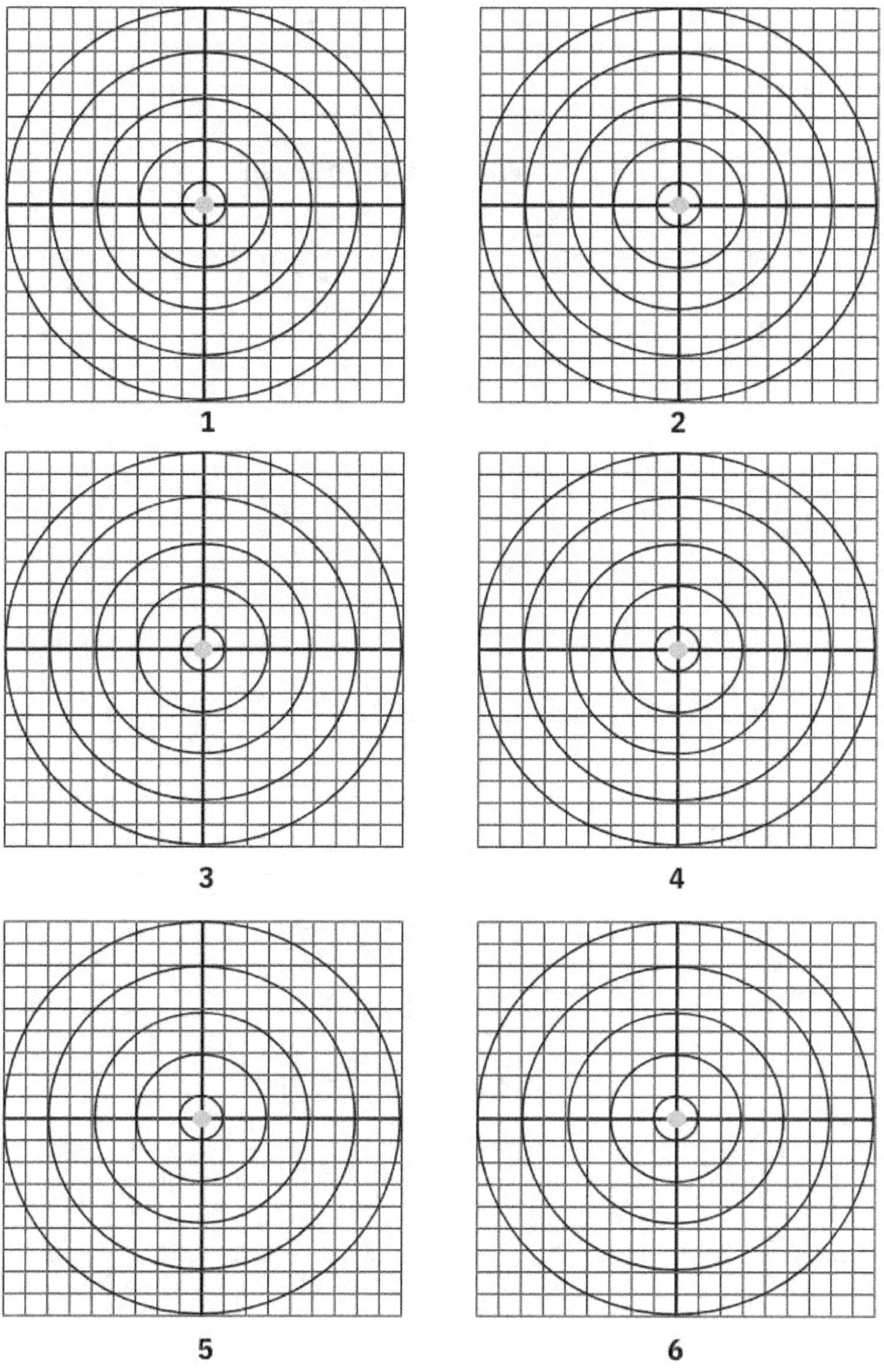

Idealny pomysł na prezent dla początkujących i profesjonalistów

Dziennik danych strzelectwa sportowego

📅 Data: _______________   🕐 Czas: _______________

📍 Lokalizacja: _______________

Warunki pogodowe

☐ ☐ ☐ ☐ ☐ ☐ _______ _______

Strażak:	
Pocisk:	Głębokość siedzenia:
Proszek:	Ziarna:
Podkład:	
Mosiądz:	
Odległość:	

Wyniki ogólne

☐ zły   ☐ targi   ☐ dobra   ☐ doskonale

Uwagi dodatkowe

____

____

____

☆ ☆ ☆ ☆ ☆

Idealny pomysł na prezent dla początkujących i profesjonalistów

Dziennik danych strzelectwa sportowego

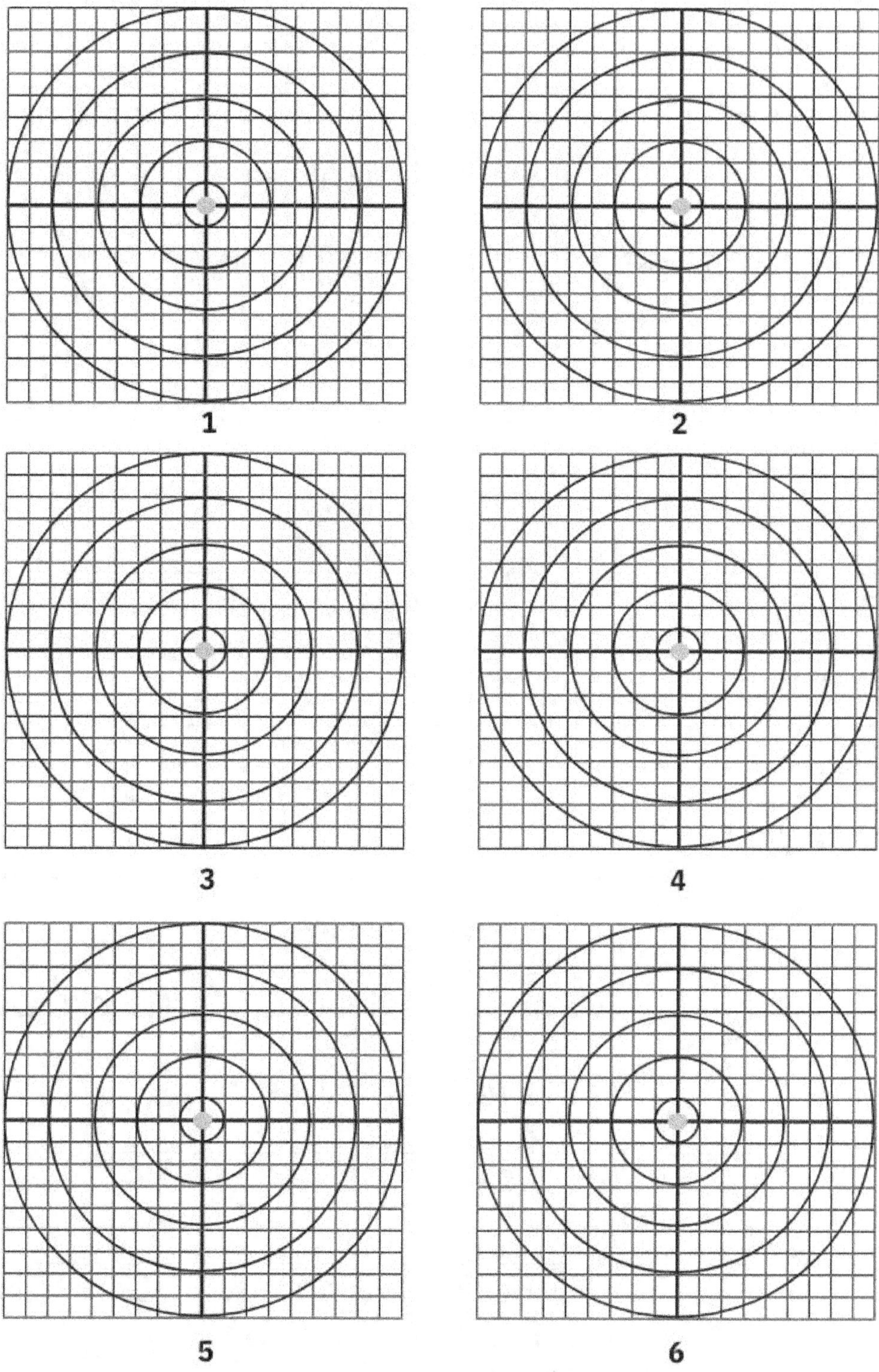

Idealny pomysł na prezent dla początkujących i profesjonalistów

Dziennik danych strzelectwa sportowego

📅 Data: _________________   🕐 Czas: _____________

📍 Lokalizacja: _________________________________

Warunki pogodowe

☐ ☐ ☐ ☐ ☐ ☐ ________ ________

Strażak:	
Pocisk:	Głębokość siedzenia:
Proszek:	Ziarna:
Podkład:	
Mosiądz:	
Odległość:	

Wyniki ogólne

☐ zły   ☐ targi   ☐ dobra   ☐ doskonale

Uwagi dodatkowe

____

____

____

☆ ☆ ☆ ☆ ☆

Idealny pomysł na prezent dla początkujących i profesjonalistów

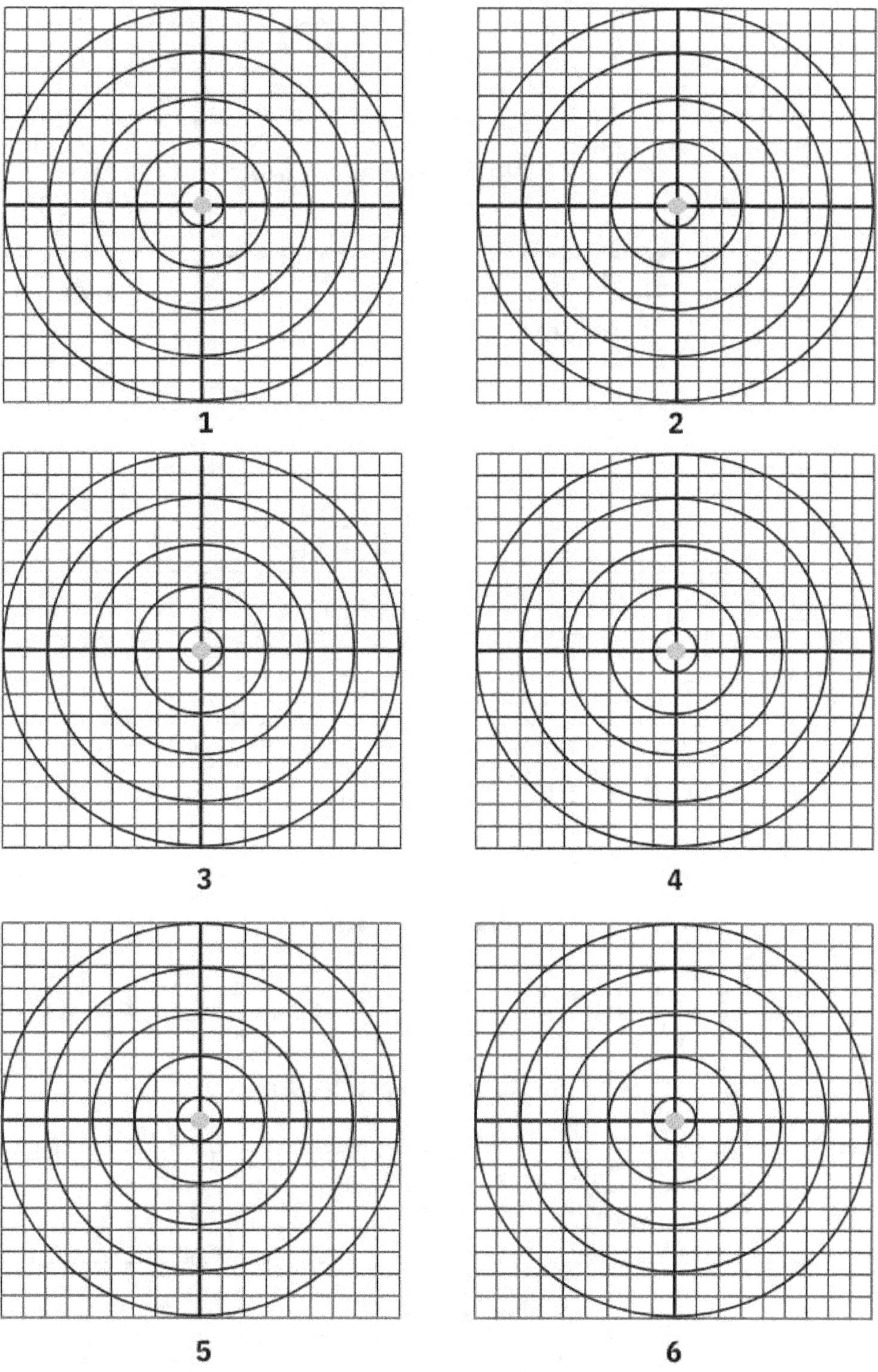

Idealny pomysł na prezent dla początkujących i profesjonalistów

Dziennik danych strzelectwa sportowego

📅 Data: _________________________ 🕐 Czas: _____________

📍 Lokalizacja: ____

Warunki pogodowe

☐ ☐ ☐ ☐ ☐ ☐ _________ _________

Strażak:	
Pocisk:	Głębokość siedzenia:
Proszek:	Ziarna:
Podkład:	
Mosiądz:	
Odległość:	

Wyniki ogólne

☐ zły   ☐ targi   ☐ dobra   ☐ doskonale

Uwagi dodatkowe

____

____

____

☆ ☆ ☆ ☆ ☆

Idealny pomysł na prezent dla początkujących i profesjonalistów

Dziennik danych strzelectwa sportowego

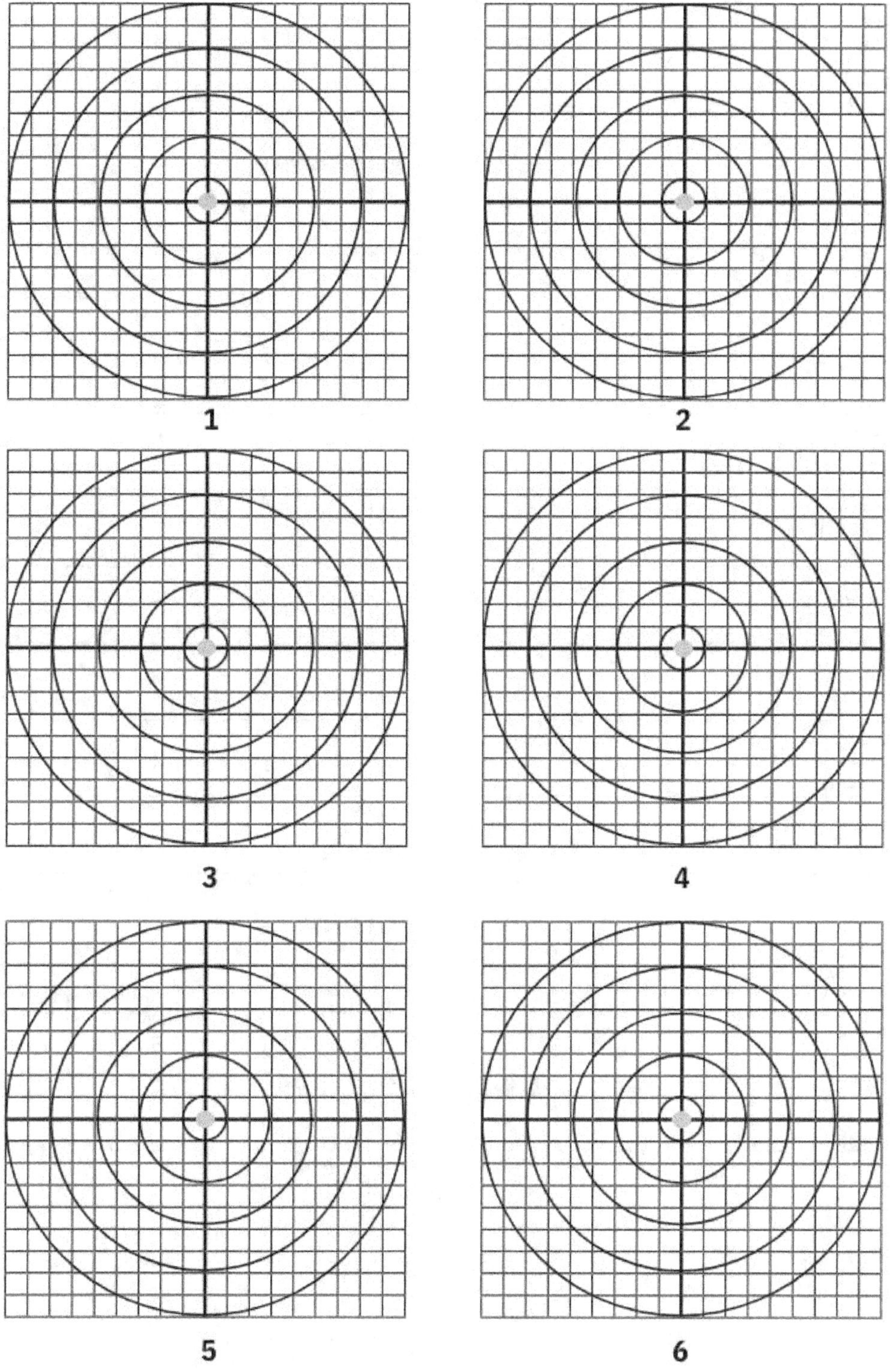

Idealny pomysł na prezent dla początkujących i profesjonalistów

Dziennik danych strzelectwa sportowego

📅 Data: _________________________ 🕐 Czas: _________

📍 Lokalizacja: _____________________________________

Warunki pogodowe

☐ ☐ ☐ ☐ ☐ ☐ 🚩 _______ 🌡 _______

Strażak:	
Pocisk:	Głębokość siedzenia:
Proszek:	Ziarna:
Podkład:	
Mosiądz:	
Odległość:	

Wyniki ogólne

☐ zły   ☐ targi   ☐ dobra   ☐ doskonale

Uwagi dodatkowe

____

____

____

☆ ☆ ☆ ☆ ☆

Idealny pomysł na prezent dla początkujących i profesjonalistów

Dziennik danych strzelectwa sportowego

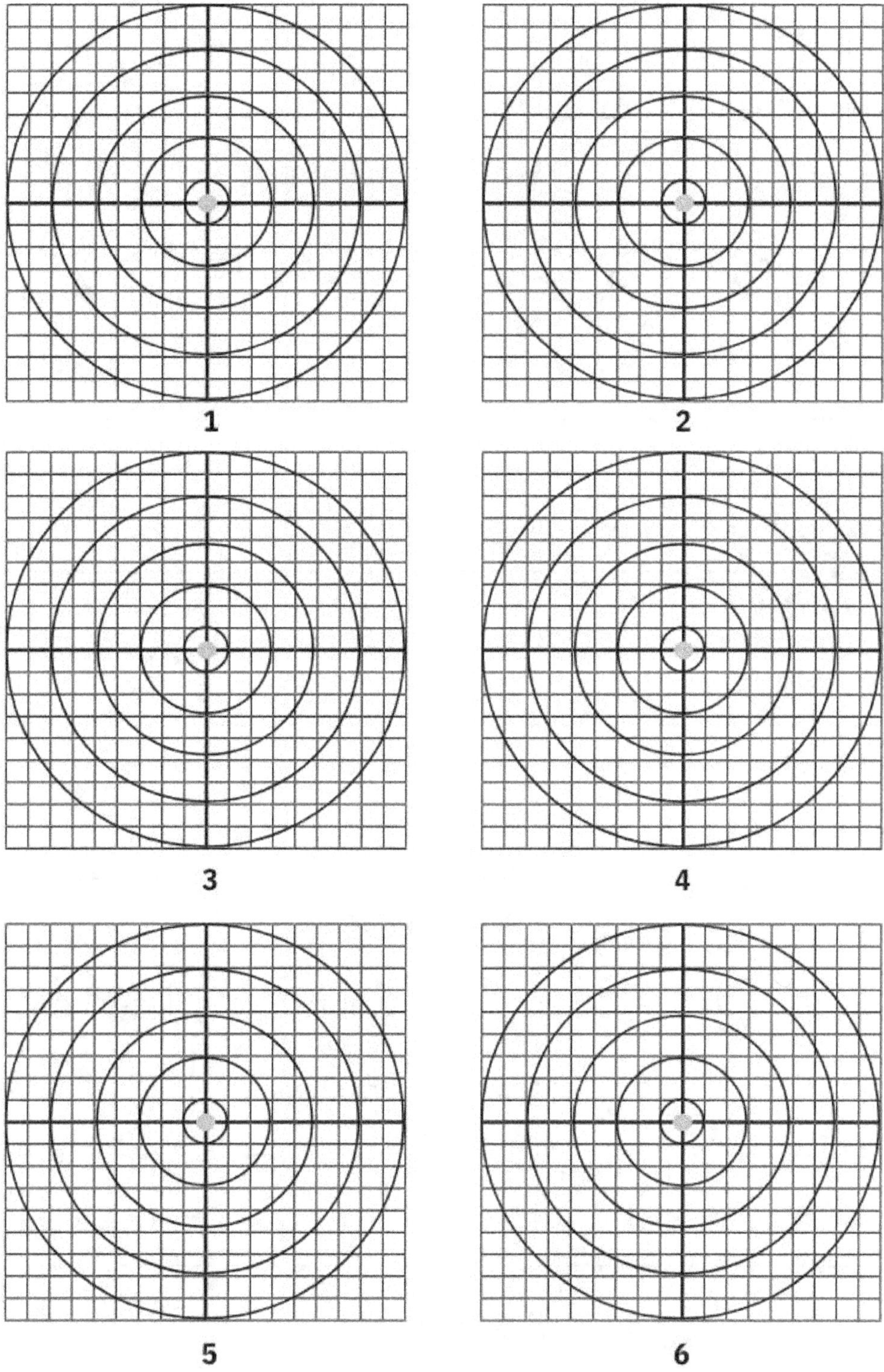

Idealny pomysł na prezent dla początkujących i profesjonalistów

Dziennik danych strzelectwa sportowego

📅 Data: _______________ 🕐 Czas: _______________

📍 Lokalizacja: _______________

Warunki pogodowe

☀ ☐   ☁ ☐   ⛅ ☐   🌦 ☐   🌧 ☐   🌨 ☐   🚩 _______   🌡 _______

Strażak:	
Pocisk:	Głębokość siedzenia:
Proszek:	Ziarna:
Podkład:	
Mosiądz:	
Odległość:	

Wyniki ogólne

☐ zły   ☐ targi   ☐ dobra   ☐ doskonale

Uwagi dodatkowe

____

____

____

☆ ☆ ☆ ☆ ☆

Idealny pomysł na prezent dla początkujących i profesjonalistów

Dziennik danych strzelectwa sportowego

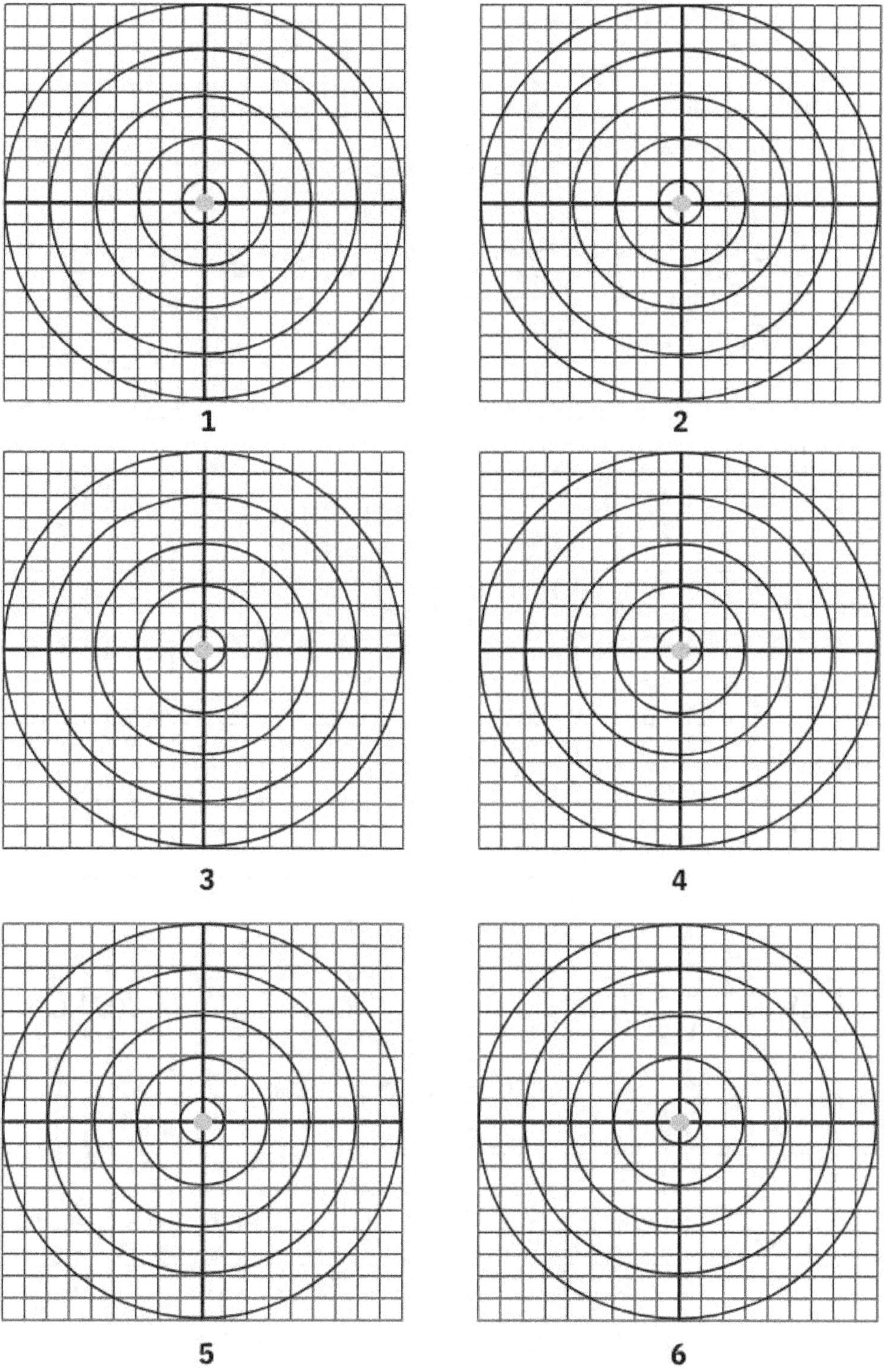

Idealny pomysł na prezent dla początkujących i profesjonalistów

Dziennik danych strzelectwa sportowego

📅 Data: _________________________ 🕐 Czas: __________

📍 Lokalizacja: _____________________________________

Warunki pogodowe

☐   ☐   ☐   ☐   ☐   ☐   ___________   ___________

Strażak:	
Pocisk:	Głębokość siedzenia:
Proszek:	Ziarna:
Podkład:	
Mosiądz:	
Odległość:	

Wyniki ogólne

☐ zły   ☐ targi   ☐ dobra   ☐ doskonale

Uwagi dodatkowe

____

____

____

☆ ☆ ☆ ☆ ☆

Idealny pomysł na prezent dla początkujących i profesjonalistów

Dziennik danych strzelectwa sportowego

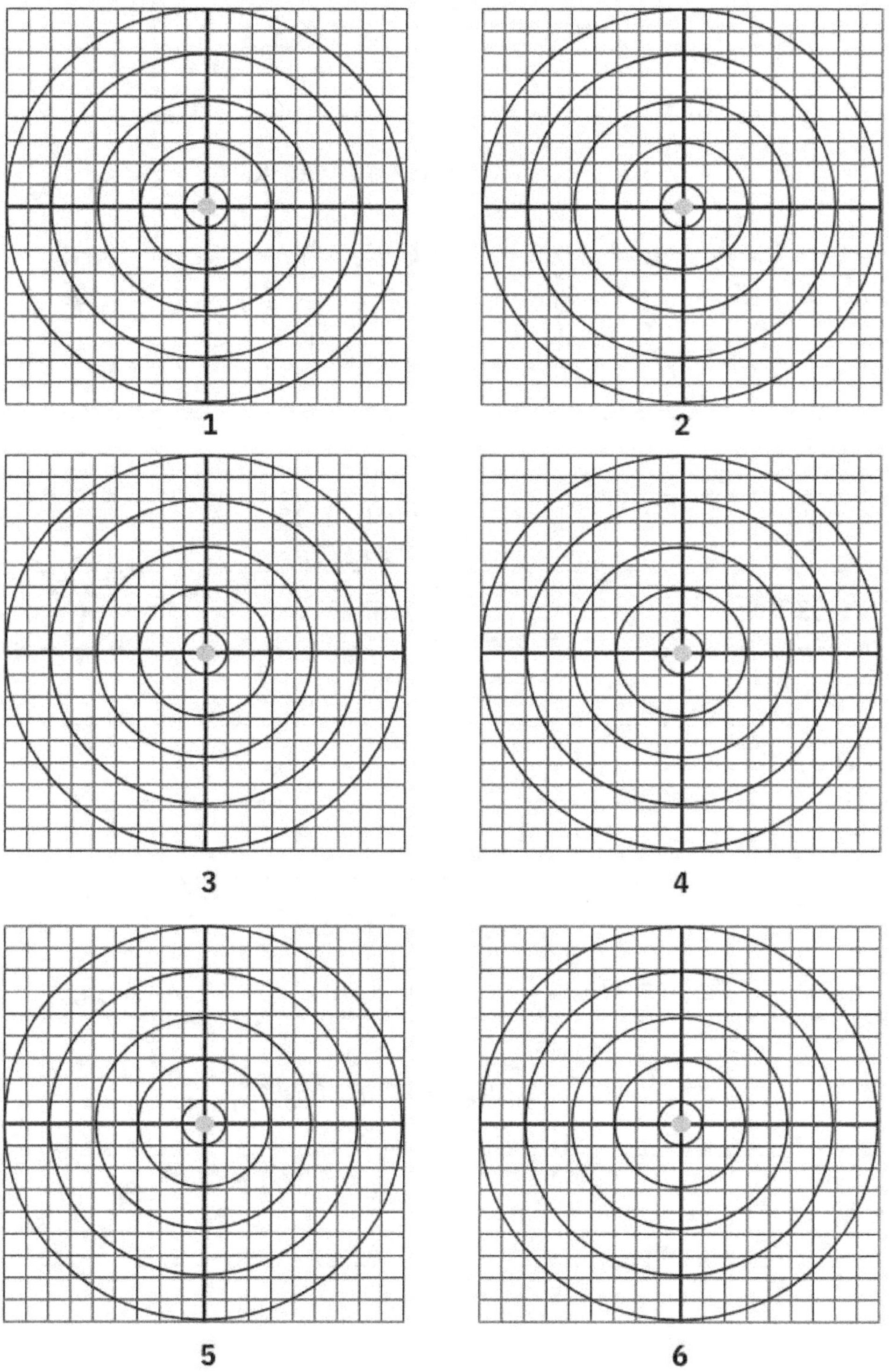

Idealny pomysł na prezent dla początkujących i profesjonalistów

Dziennik danych strzelectwa sportowego

📅 Data: _________________________ 🕐 Czas: _________

📍 Lokalizacja: _________________________________

Warunki pogodowe

Strażak:	
Pocisk:	Głębokość siedzenia:
Proszek:	Ziarna:
Podkład:	
Mosiądz:	
Odległość:	

Wyniki ogólne

☐ zły   ☐ targi   ☐ dobra   ☐ doskonale

Uwagi dodatkowe

____

____

____

☆ ☆ ☆ ☆ ☆

Idealny pomysł na prezent dla początkujących i profesjonalistów

Dziennik danych strzelectwa sportowego

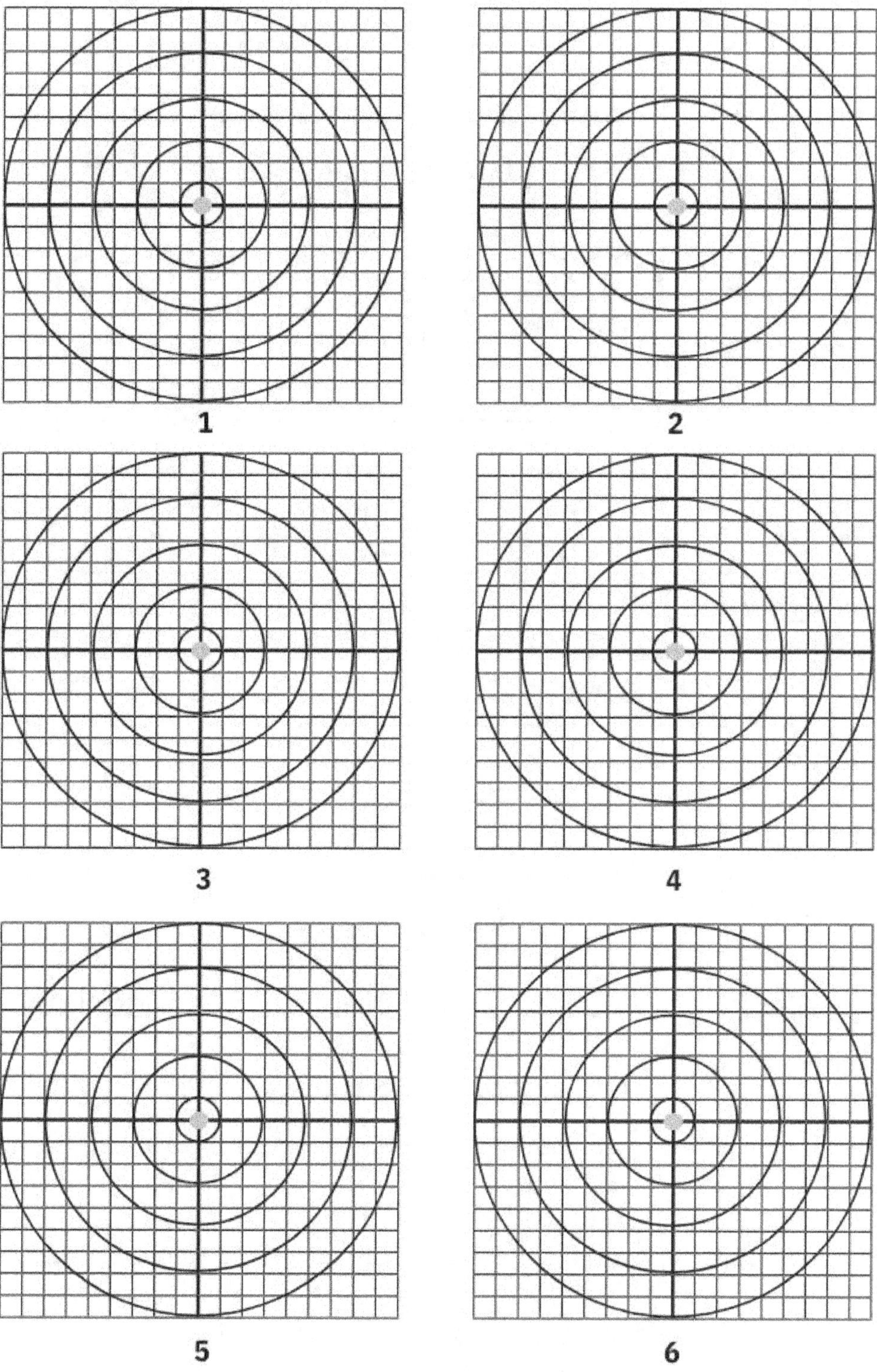

Idealny pomysł na prezent dla początkujących i profesjonalistów

Dziennik danych strzelectwa sportowego

📅 Data: _________________________   🕐 Czas: _____________

📍 Lokalizacja: _______________________________________

Warunki pogodowe

☐   ☐   ☐   ☐   ☐   ☐   _______   _______

Strażak:	
Pocisk:	Głębokość siedzenia:
Proszek:	Ziarna:
Podkład:	
Mosiądz:	
Odległość:	

Wyniki ogólne

☐ zły   ☐ targi   ☐ dobra   ☐ doskonale

Uwagi dodatkowe

____

____

____

☆ ☆ ☆ ☆ ☆

Idealny pomysł na prezent dla początkujących i profesjonalistów

Dziennik danych strzelectwa sportowego

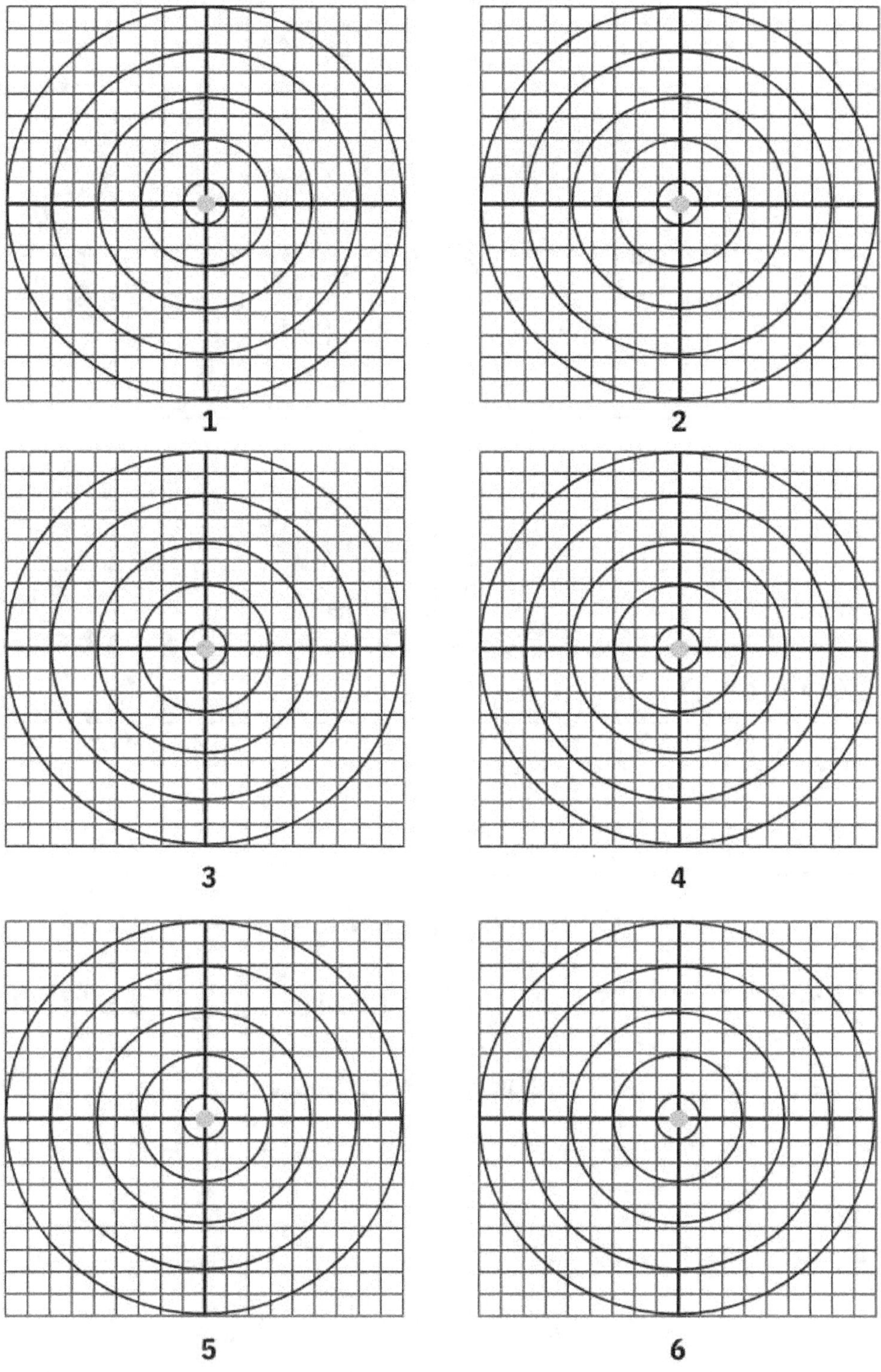

Idealny pomysł na prezent dla początkujących i profesjonalistów

Dziennik danych strzelectwa sportowego

📅 Data: _________________________ 🕐 Czas: _________

📍 Lokalizacja: _____________________________________

Warunki pogodowe

☐　　☐　　☐　　☐　　☐　　☐　　_______　　_______

Strażak:	
Pocisk:	Głębokość siedzenia:
Proszek:	Ziarna:
Podkład:	
Mosiądz:	
Odległość:	

Wyniki ogólne

☐ zły　　　☐ targi　　　☐ dobra　　　☐ doskonale

Uwagi dodatkowe

____

____

____

☆ ☆ ☆ ☆ ☆

Idealny pomysł na prezent dla początkujących i profesjonalistów

Dziennik danych strzelectwa sportowego

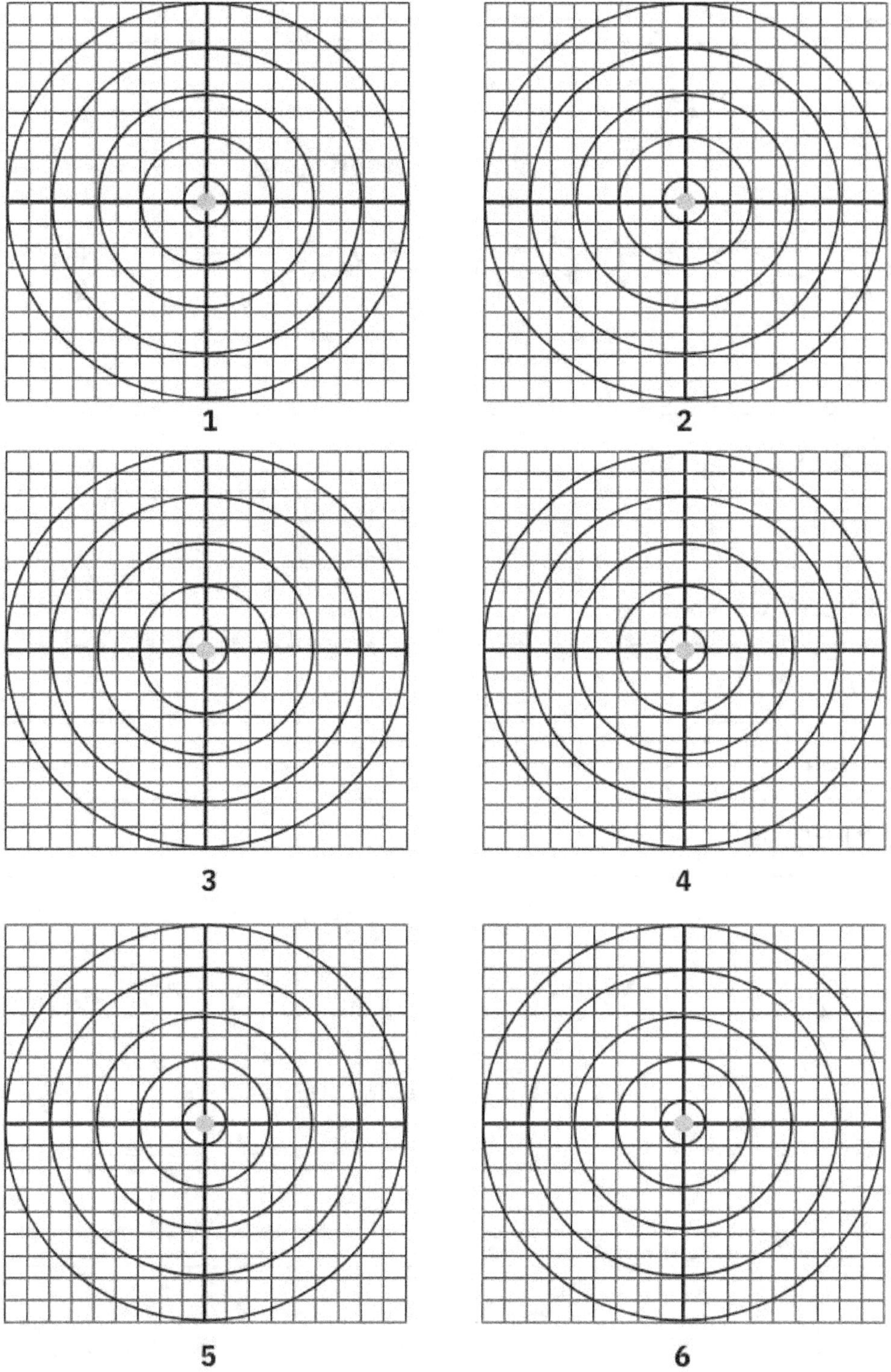

Idealny pomysł na prezent dla początkujących i profesjonalistów

Dziennik danych strzelectwa sportowego

📅 Data: _______________ 🕐 Czas: _______________

📍 Lokalizacja: _______________________________

Warunki pogodowe

☀ ☁ 🌤 ☁ 🌦 🌨 🚩 🌡

☐   ☐   ☐   ☐   ☐   ☐   _____   _____

Strażak:	
Pocisk:	Głębokość siedzenia:
Proszek:	Ziarna:
Podkład:	
Mosiądz:	
Odległość:	

Wyniki ogólne

☐ zły   ☐ targi   ☐ dobra   ☐ doskonale

Uwagi dodatkowe

____

____

____

☆ ☆ ☆ ☆ ☆

Idealny pomysł na prezent dla początkujących i profesjonalistów

Dziennik danych strzelectwa sportowego

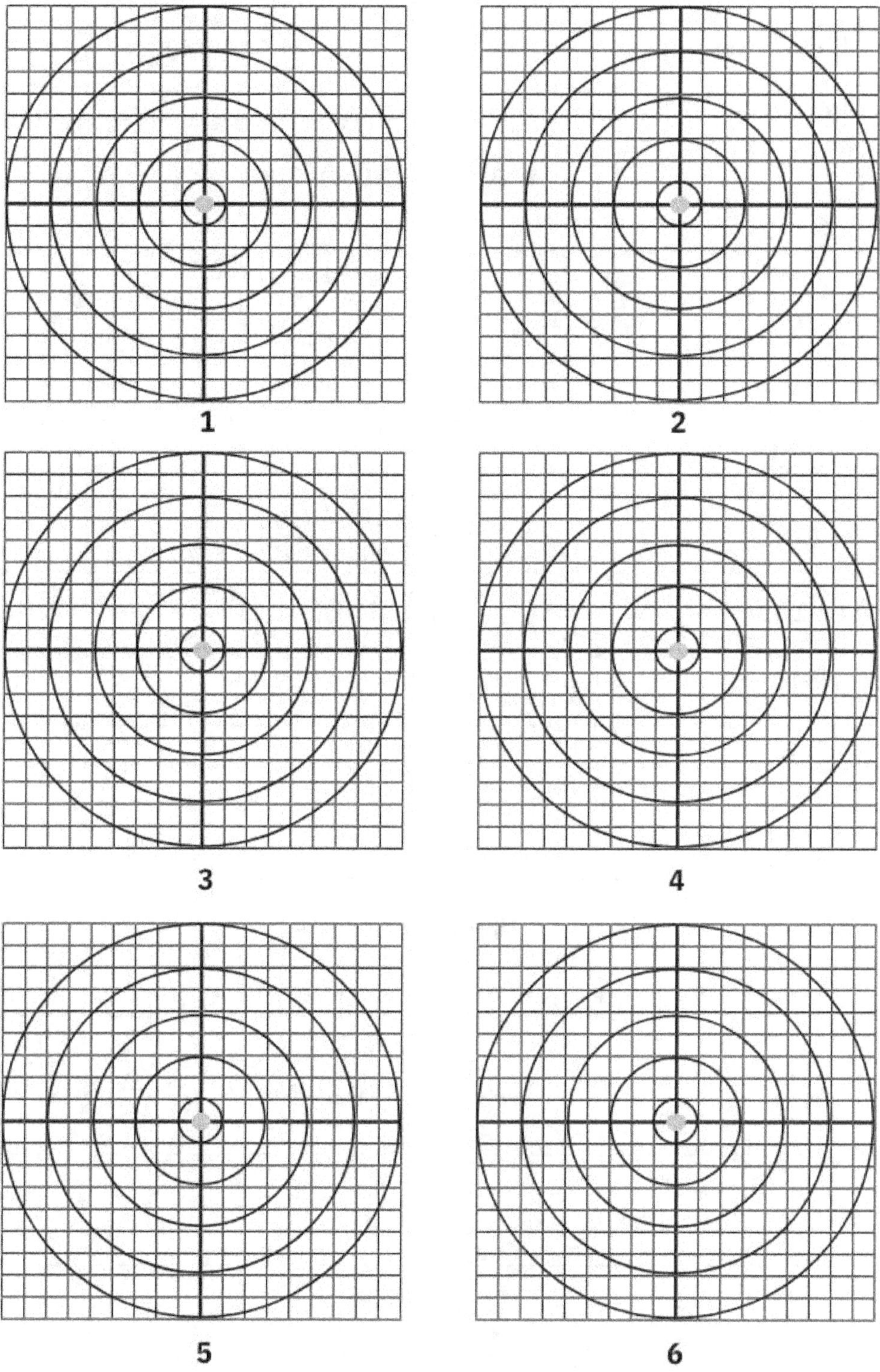

Idealny pomysł na prezent dla początkujących i profesjonalistów

Dziennik danych strzelectwa sportowego

📅 Data: _______________________   🕐 Czas: _______________

📍 Lokalizacja: ____

Warunki pogodowe

☐   ☐   ☐   ☐   ☐   ☐   _______   _______

Strażak:	
Pocisk:	Głębokość siedzenia:
Proszek:	Ziarna:
Podkład:	
Mosiądz:	
Odległość:	

Wyniki ogólne

☐ zły   ☐ targi   ☐ dobra   ☐ doskonale

Uwagi dodatkowe

____

____

____

☆ ☆ ☆ ☆ ☆

Idealny pomysł na prezent dla początkujących i profesjonalistów

Dziennik danych strzelectwa sportowego

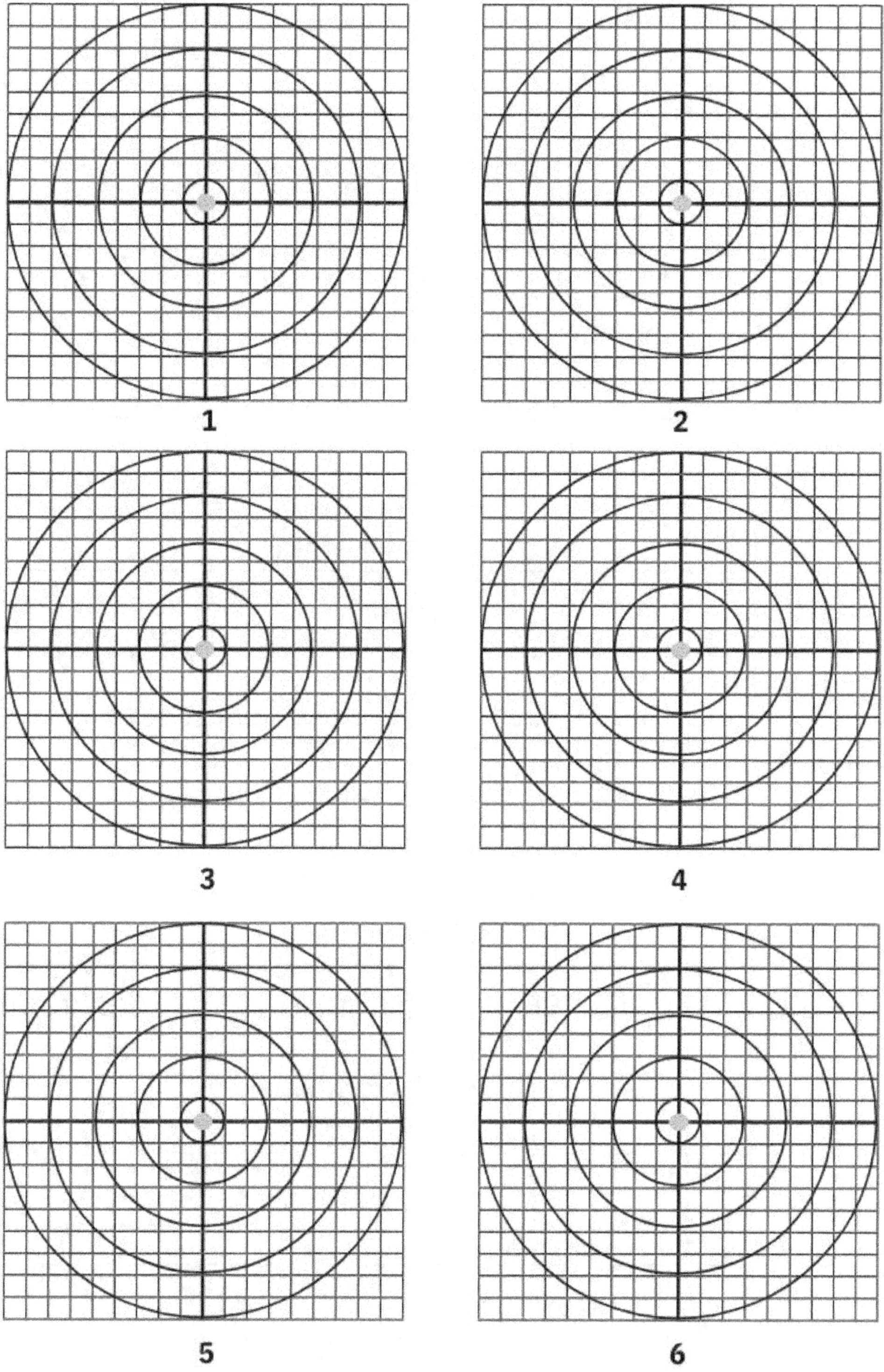

Idealny pomysł na prezent dla początkujących i profesjonalistów

Dziennik danych strzelectwa sportowego

📅 Data: _____________________ 🕐 Czas: ___________

📍 Lokalizacja: _________________________________

Warunki pogodowe

☐ ☐ ☐ ☐ ☐ ☐

Strażak:	
Pocisk:	Głębokość siedzenia:
Proszek:	Ziarna:
Podkład:	
Mosiądz:	
Odległość:	

Wyniki ogólne

☐ zły ☐ targi ☐ dobra ☐ doskonale

Uwagi dodatkowe

____

____

____

☆ ☆ ☆ ☆ ☆

Idealny pomysł na prezent dla początkujących i profesjonalistów

Dziennik danych strzelectwa sportowego

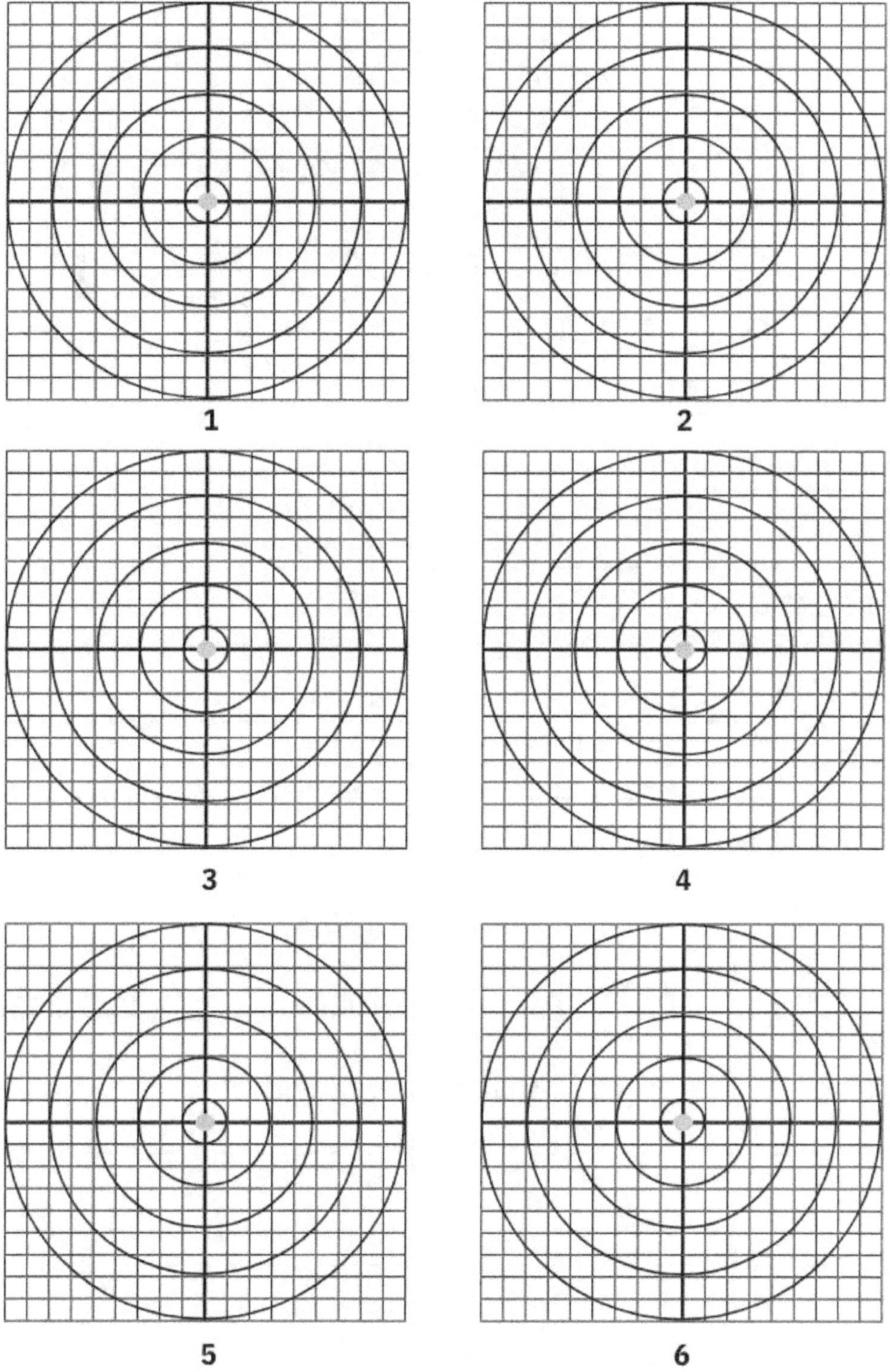

Idealny pomysł na prezent dla początkujących i profesjonalistów

Dziennik danych strzelectwa sportowego

📅 Data: _________________________   🕐 Czas: _____________

📍 Lokalizacja: ____

Warunki pogodowe

☀ ☐   ⛅ ☐   ☁ ☐   🌦 ☐   🌧 ☐   🌨 ☐   🚩 _______   🌡 _______

Strażak:	
Pocisk:	Głębokość siedzenia:
Proszek:	Ziarna:
Podkład:	
Mosiądz:	
Odległość:	

Wyniki ogólne

☐ zły   ☐ targi   ☐ dobra   ☐ doskonale

Uwagi dodatkowe

____

____

____

☆ ☆ ☆ ☆ ☆

Idealny pomysł na prezent dla początkujących i profesjonalistów

Dziennik danych strzelectwa sportowego

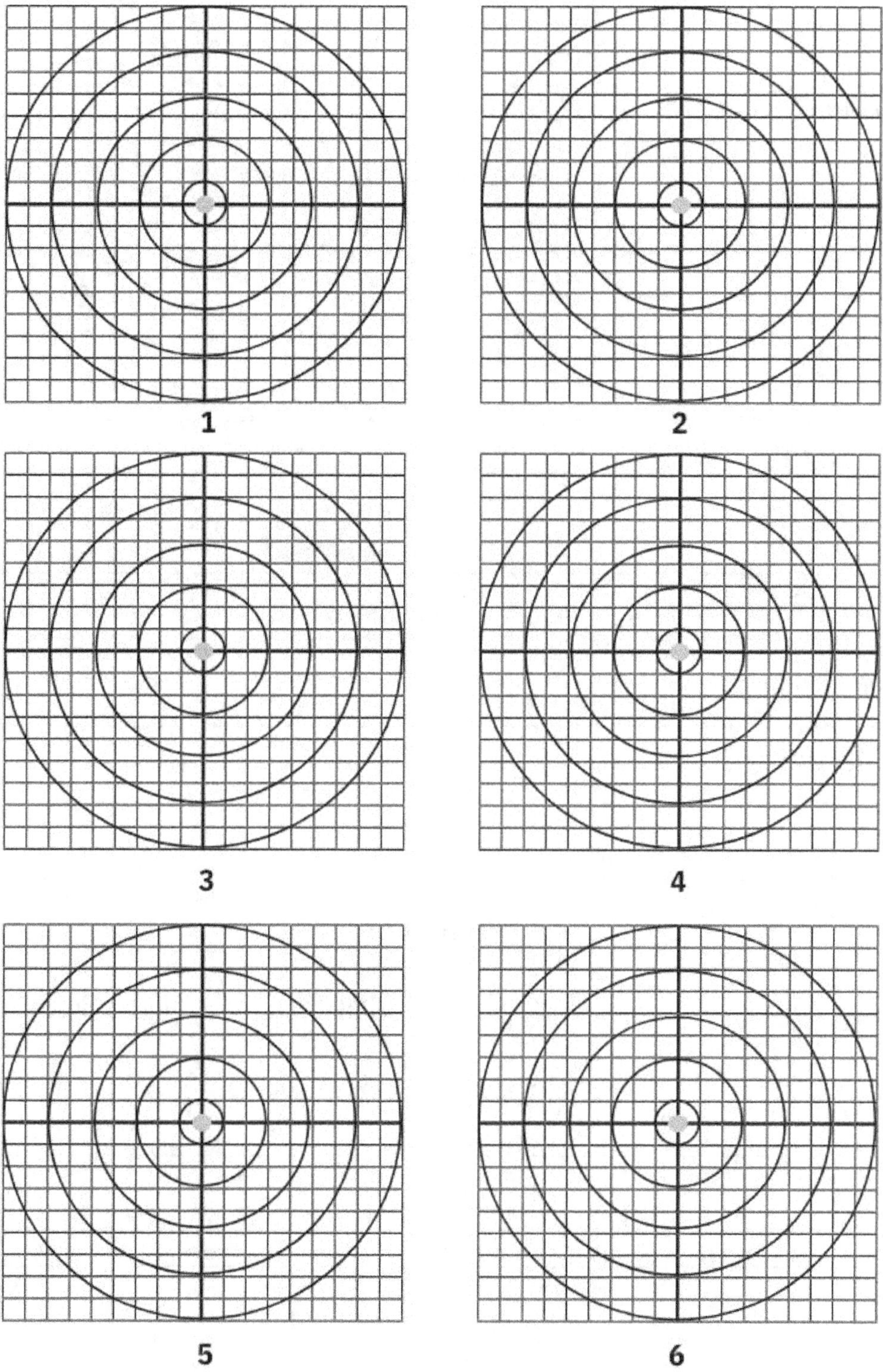

Idealny pomysł na prezent dla początkujących i profesjonalistów

Dziennik danych strzelectwa sportowego

📅 Data: _______________   🕐 Czas: _______________

📍 Lokalizacja: _______________________________

Warunki pogodowe

☐   ☐   ☐   ☐   ☐   ☐   _______   _______

Strażak:	
Pocisk:	Głębokość siedzenia:
Proszek:	Ziarna:
Podkład:	
Mosiądz:	
Odległość:	

Wyniki ogólne

☐ zły   ☐ targi   ☐ dobra   ☐ doskonale

Uwagi dodatkowe

____

____

____

☆ ☆ ☆ ☆ ☆

Idealny pomysł na prezent dla początkujących i profesjonalistów

Dziennik danych strzelectwa sportowego

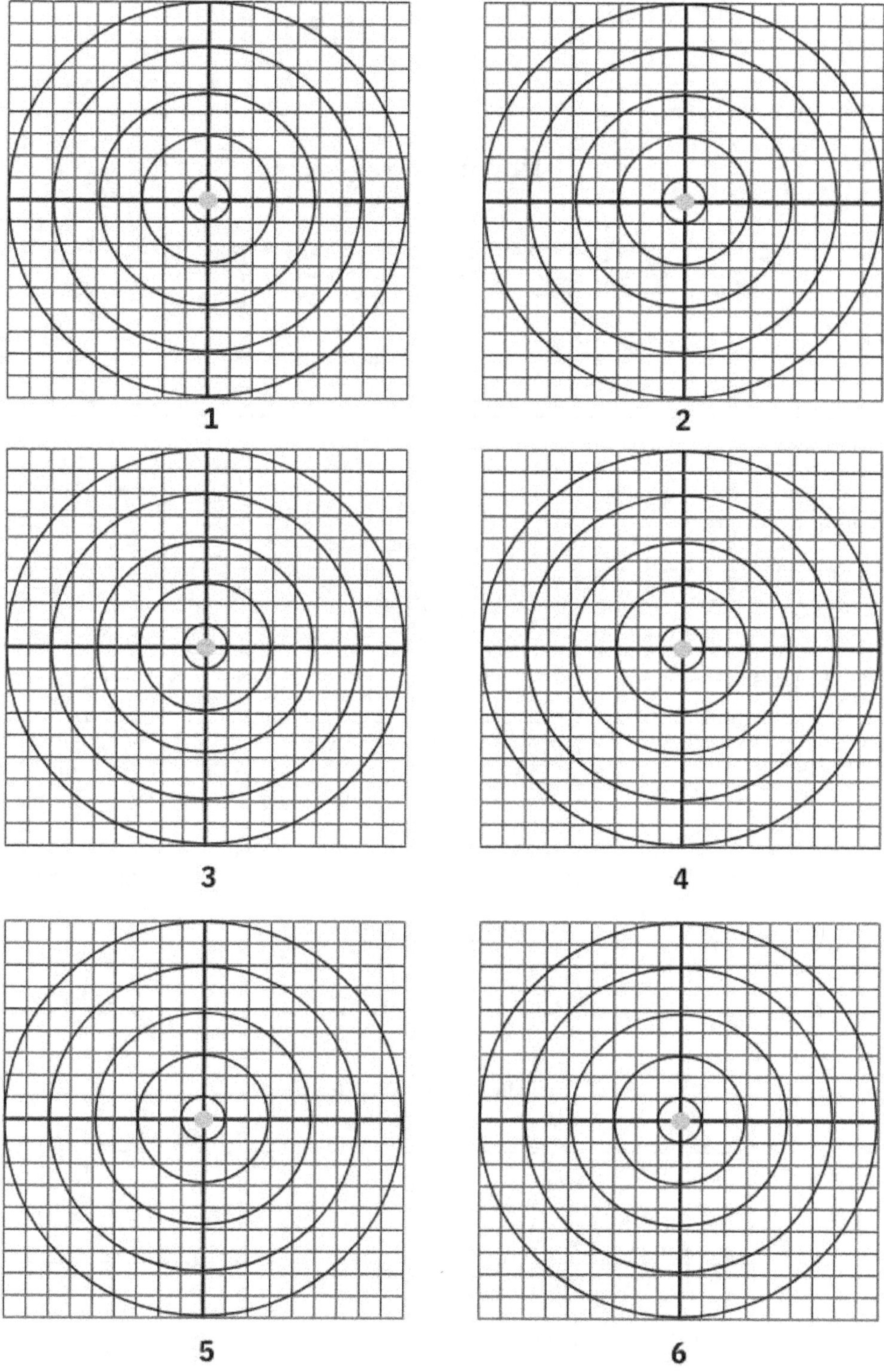

Idealny pomysł na prezent dla początkujących i profesjonalistów

Dziennik danych strzelectwa sportowego

📅 Data: _____________________ 🕐 Czas: _____________

📍 Lokalizacja: _____________________________________

Warunki pogodowe

☐ ☐ ☐ ☐ ☐ ☐ ______ ______

Strażak:	
Pocisk:	Głębokość siedzenia:
Proszek:	Ziarna:
Podkład:	
Mosiądz:	
Odległość:	

Wyniki ogólne

☐ zły   ☐ targi   ☐ dobra   ☐ doskonale

Uwagi dodatkowe

____

____

____

☆ ☆ ☆ ☆ ☆

Idealny pomysł na prezent dla początkujących i profesjonalistów

Dziennik danych strzelectwa sportowego

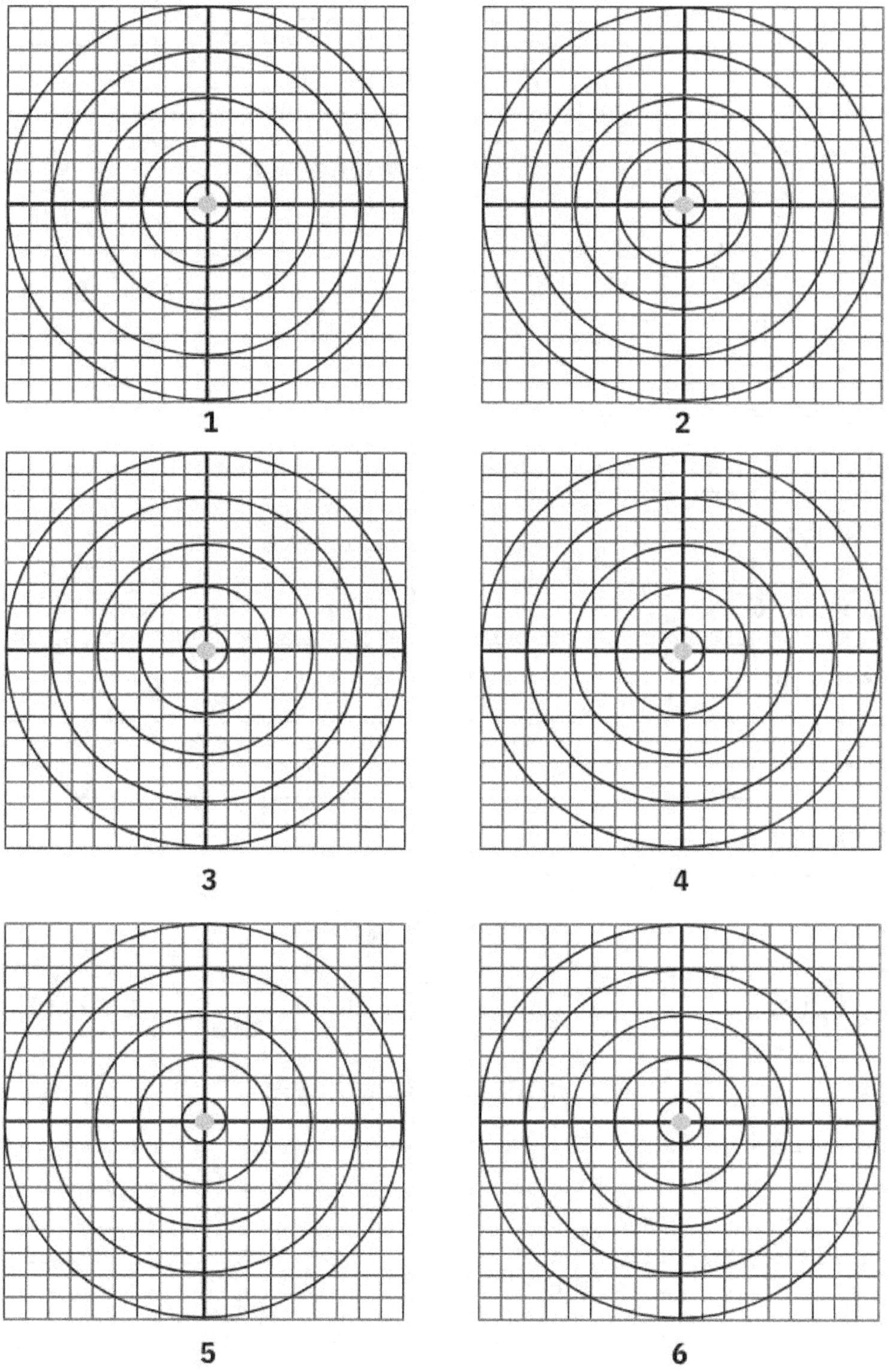

Idealny pomysł na prezent dla początkujących i profesjonalistów

Dziennik danych strzelectwa sportowego

📅 Data: _________________________ 🕐 Czas: _____________

📍 Lokalizacja: ____

Warunki pogodowe

☐   ☐   ☐   ☐   ☐   ☐

Strażak:	
Pocisk:	Głębokość siedzenia:
Proszek:	Ziarna:
Podkład:	
Mosiądz:	
Odległość:	

Wyniki ogólne

☐ zły   ☐ targi   ☐ dobra   ☐ doskonale

Uwagi dodatkowe

____

____

____

☆ ☆ ☆ ☆ ☆

Idealny pomysł na prezent dla początkujących i profesjonalistów

Dziennik danych strzelectwa sportowego

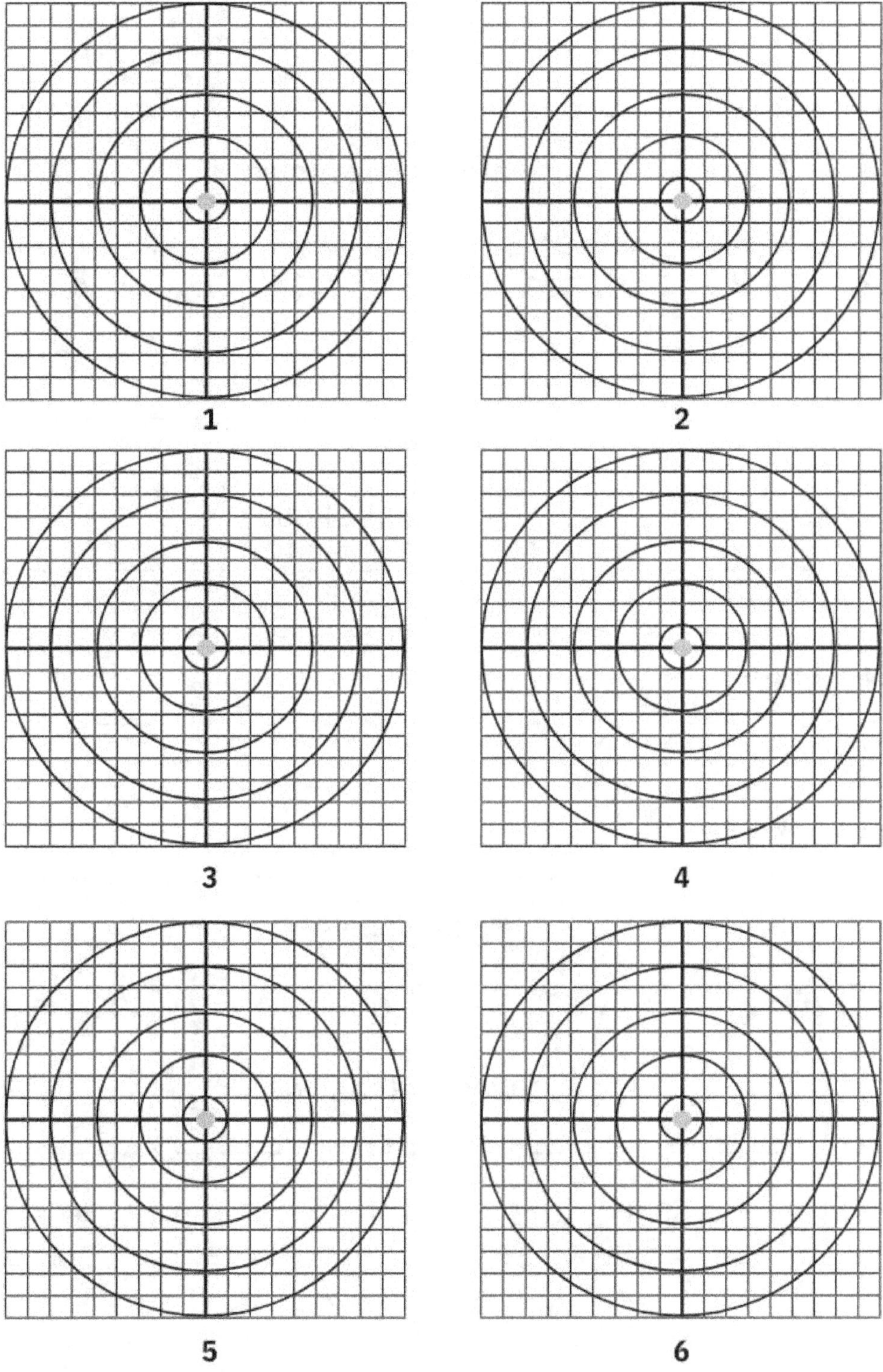

Idealny pomysł na prezent dla początkujących i profesjonalistów

Dziennik danych strzelectwa sportowego

📅 Data: _________________________ 🕐 Czas: ___________

📍 Lokalizacja: _________________________________

Warunki pogodowe

☐   ☐   ☐   ☐   ☐   ☐   _______   _______

Strażak:	
Pocisk:	Głębokość siedzenia:
Proszek:	Ziarna:
Podkład:	
Mosiądz:	
Odległość:	

Wyniki ogólne

☐ zły   ☐ targi   ☐ dobra   ☐ doskonale

Uwagi dodatkowe

____

____

____

☆ ☆ ☆ ☆ ☆

Idealny pomysł na prezent dla początkujących i profesjonalistów

Dziennik danych strzelectwa sportowego

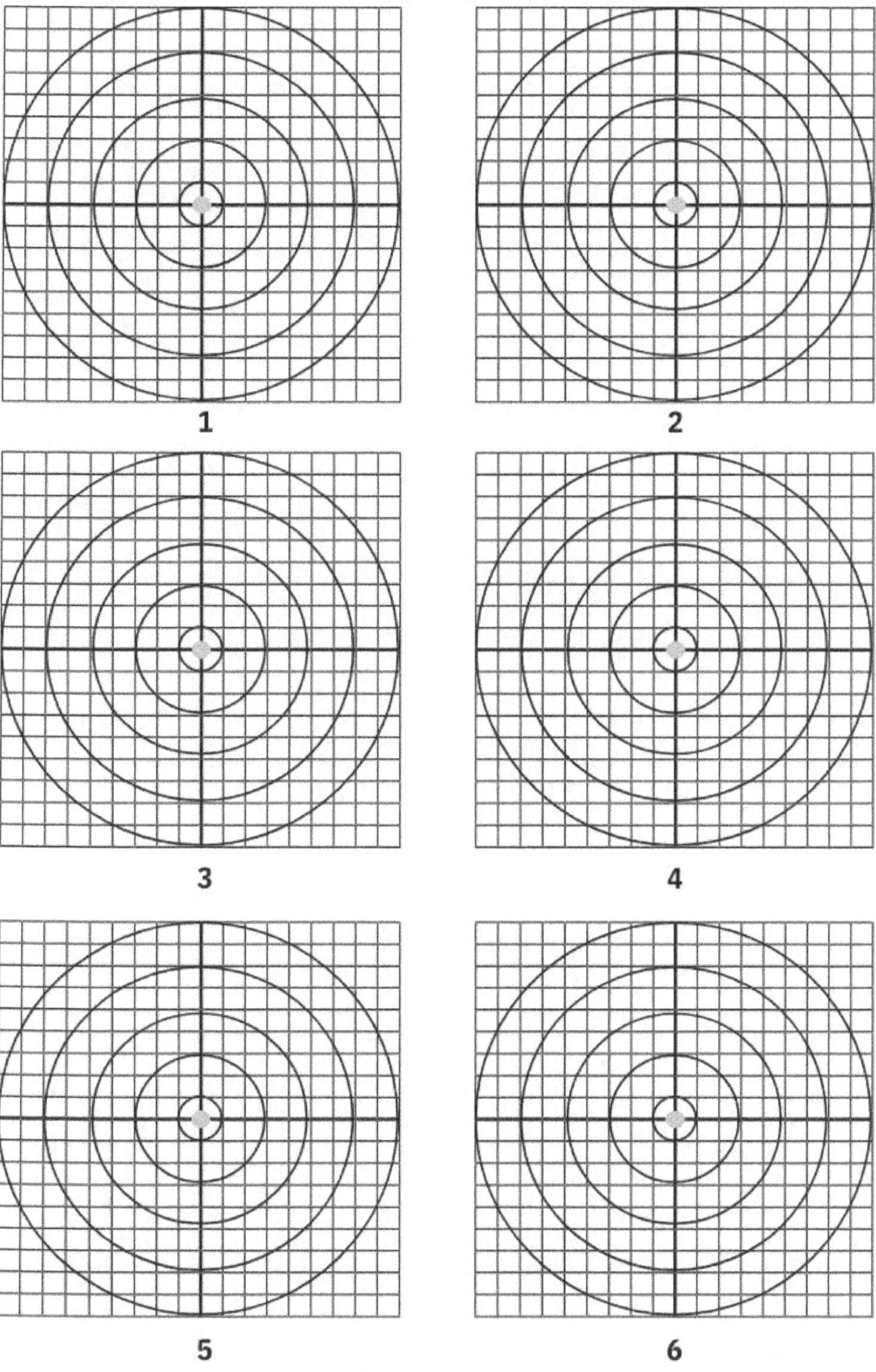

Idealny pomysł na prezent dla początkujących i profesjonalistów